加油
多梅

单

我的第一本体质健康启蒙书

人民东方出版传媒
People's Oriental Publishing & Media
東方出版社
The Oriental Press

图书在版编目（CIP）数据

加油，多梅多 ：我的第一本体质健康启蒙书 / 单靓著. -- 北京 ：东方出版社，2024. 10.

ISBN 978-7-5207-4014-2

Ⅰ. G633.962

中国国家版本馆CIP数据核字第202433B409号

加油，多梅多：我的第一本体质健康启蒙书

（JIAYOU, DUOMEIDUO : WO DE DIYI BEN TIZHI JIANKANG QIMENG SHU）

作　　者： 单　靓
策 划 人： 赵　琳
责任编辑： 赵　琳　王小语
出　　版： 东方出版社
发　　行： 人民东方出版传媒有限公司
地　　址： 北京市东城区朝阳门内大街166号
邮　　编： 100010
印　　刷： 天津光之彩印刷有限公司
版　　次： 2024年10月第1版
印　　次： 2024年10月第1次印刷
开　　本： 880毫米×1230毫米　1/32
印　　张： 7.5
字　　数： 136千字
书　　号： ISBN 978-7-5207-4014-2
定　　价： 59.80元
发行电话：（010）85924663　85924644　85924641

推荐序

热爱和坚持是养成终身体育锻炼习惯的原动力。《加油，多梅多：我的第一本体质健康启蒙书》针对当前我国青少年体质健康状况堪忧的问题，从活泼可爱但不喜欢体育运动、肥胖的学生多梅多的视角，为我们讲述了如何培养孩子对体育锻炼的兴趣，如何从被动的“要我锻炼”向主动的“我要锻炼”转变的全过程，是一本叙事性强、图文并茂、通俗易懂、难得一见的体育科普故事书。

该书从马达老师等多个视角给孩子们介绍了体质健康知识和体育锻炼方法等，尤其是针对现阶段教育部推行的《国家学生体质健康标准》重点项目，解读了项目的测试意义、促进健康的价值和如何提升测试成绩的方法等，科学性和指导性强，有益于孩子们理解和实践。

“树立健康第一的教育理念”，让孩子们在运动中享受乐趣、增强体质、锤炼意志、健全人格是我们共同的心愿。

“让孩子们跑起来！”加油！多梅多们！

张一民

2024 年 1 月 16 日

角色简介

菜园小学六年级二班的男生，身高1.63米，体重75千克，体重超重，体育不积极分子。性格平和，思维活跃，有很多有趣的小想法，不喜欢跑步和运动，爱吃的食物是炸鸡、薯条配可乐、奶茶，最近因为发胖，开始对身材有一些焦虑。

男生，学校足球队前锋，皮肤黝黑，肌肉结实，擅长跑跳，健康活泼，是个喜欢说话和表现自己的显眼包，对同学热情，愿意提供帮助，渴望来自老师和同学的肯定。

多梅多的妈妈，富有激情和创造力，怀孕时喜欢吃西红柿，便给孩子起名叫“多梅多”（“西红柿”英文 tomato 的谐音）。关心多梅多，希望多梅多变得主动一些，但有时关心太多，多梅多和多爸都不太领情。

多梅多的爸爸，喜欢看电视体育频道和足球赛事转播，爱吃炸鸡，也爱喝啤酒，身材较胖，有啤酒肚，不爱运动，与多梅多父子关系亲密，两个人最喜欢的娱乐活动就是一起看体育频道的电视节目。

高大梁

男生，学习委员，身材瘦小，勤于动脑，求知欲强，学习态度认真，喜欢弹钢琴和读书，害怕运动，体育课经常请病假。

何一鸣

男生，身材微胖，性格温和，不喜欢快速运动，愿意帮助同学，有点马马虎虎，不愿意想太多。

肖思思

班长，女生，身材高挑儿，非常白净，学习认真，擅长舞蹈和跳绳，对同学和班级工作很负责，但有时有点过于严肃，不喜欢干扰班级纪律的淘气行为。

马达

六年级二班新来的班主任，体育老师，身材高大，性格开朗，知识丰富，对学生耐心包容、循循善诱，上课形式生动有趣，很快就在学生心目中树立了权威、专业的形象。

马途途

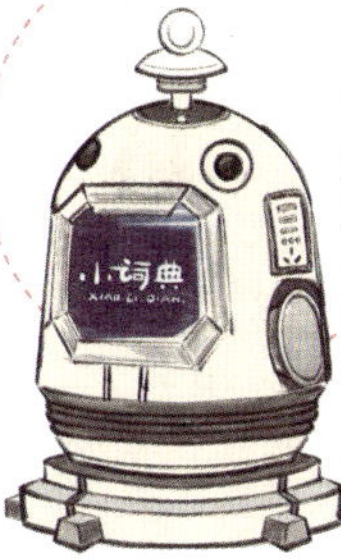

马途途是体育老师马达的助教，一个声控智能体测机器人，年龄6岁，知识储备丰富但是有点倔，会学习模仿学生们之间的交流，有时也会尬聊和自顾自地输出信息。有多种先进的技术功能，在学生们进行体育运动时负责陪练和裁判工作；自带显示屏，随时随地展示马达老师的体育教学内容，辅助进行视频演示和播放音乐来调节课堂气氛。

目录

第5章 通关大战

第6章 多爸的周末补习课

What？体育老师当班主任！

暑假的最后一天，菜园小学的多梅多开始发愁了。这并不是因为他的作业没有写完，而是因为新校服不合身了。

在这个暑假，多梅多的饭量太大，他的个子虽然长高了些，但是肚子长得更快，走起路来自己都感觉身体沉甸甸的，有点费劲。上学期期末订的新校服外套，还没等开学，就快拉不上**拉链**了。

多梅多的新校服不合身啦

“救命！怎么办啊？”一想到开学后要面对全班同学和新的班主任，多梅多就愁得想退学了。肚子里装了一暑假的好吃的，要想一天之内被塞进校服里，看来只能靠深呼吸了。

开学第一天的早上，多爸看见沉闷的多梅多，好心地鼓励道：“马上就要见到同学们了，菜园小学最后一年的快乐时光，多么宝贵啊！跟同学们好好学习，一起向百草初中迈进吧！”然而，多梅多勉强吃下去的半个肉包子，卡在了嗓子里，更加难过了。

多妈看着儿子闷闷不乐地走出家门，悄悄地跟多爸嘀咕：“这孩子过了一暑假，怎么越长越像你了，走路开始左右摇晃，好像也有点八字步了。”

多爸一听就急了，说道：“又赖我？！是谁怀孕的时候爱吃西红柿，又是谁给孩子起名**多梅多**（tomato 的谐音，tomato 的中文是‘西红柿’），现在越长越像西红柿！”

进了校门，多梅多放松许多。一个暑假没见的同学们，兴奋地扑到一起，谁还顾得上校服松紧。

显眼包艾小豆因为跟着校队踢了一个夏天的足球，所以从额头到手指都被晒得黝黑油亮，像非洲来的国际友人。

班长**肖思思**还是那么高挑，小脸白得发光，她虽然见了同学也很高兴，但仍不忘自己的班长身份，干啥都表情认真，举止有度。她的护肤秘诀是上各种学习班。即使练舞蹈参加演出也都是在室内，根本不用担心会晒黑。

何一鸣等七八个同学像多梅多一样，变高变胖了。多梅多乐得跟他们互相挤在一起，推推搡搡，看谁身上的肉更防撞。

新来的班主任很有意思，是一个高高大大穿着运动服的男老师，他后面还跟着一个一米多高的白色机器，圆头圆脑，一声不吭地在地上移动。

“哎？是机器人吗？”全班同学都顾不上看新老师了。

“哇，酷啊，是不是要上科学课呢？”

多梅多暑假时在酒店里遇见过送餐机器人，如果不是坐在教室座位上，他已经快忍不住要上前围观了。

同学们也是一脸的兴奋，很多人都坐不住了，屁股抬了又抬，都忘记了进来的这个新老师是班主任了。

“同学们好，我叫**马达**，这是我的助教**马途途**，它确实是个机器人。这个学期将由我来担任咱们六年级二班的班主任，我和马途途一起负责大家的体育课教学。”

“体育课？！”所有人都愣住了。

马达老师笑眯眯地说：“对，是体育课。”

那个叫“马途途”的“助教”机器人的头顶上的小灯

● 马达老师和马途途的合影

突然闪起了绿色的光，像是被谁叫醒了一样，同时传来一个瓮声瓮气男孩嗓音的声音：“体育课，全称是体质健康教育课。”

教室里从未如此安静过，连班长都有些**蒙圈**了。

“体育老师来当班主任？”多梅多最先感觉有点不妙，“那他的课估计没人敢占了。这两个家伙，莫不是要来灭我的吧？”

体育不积极分子多梅多，有了一丝不祥的预感。

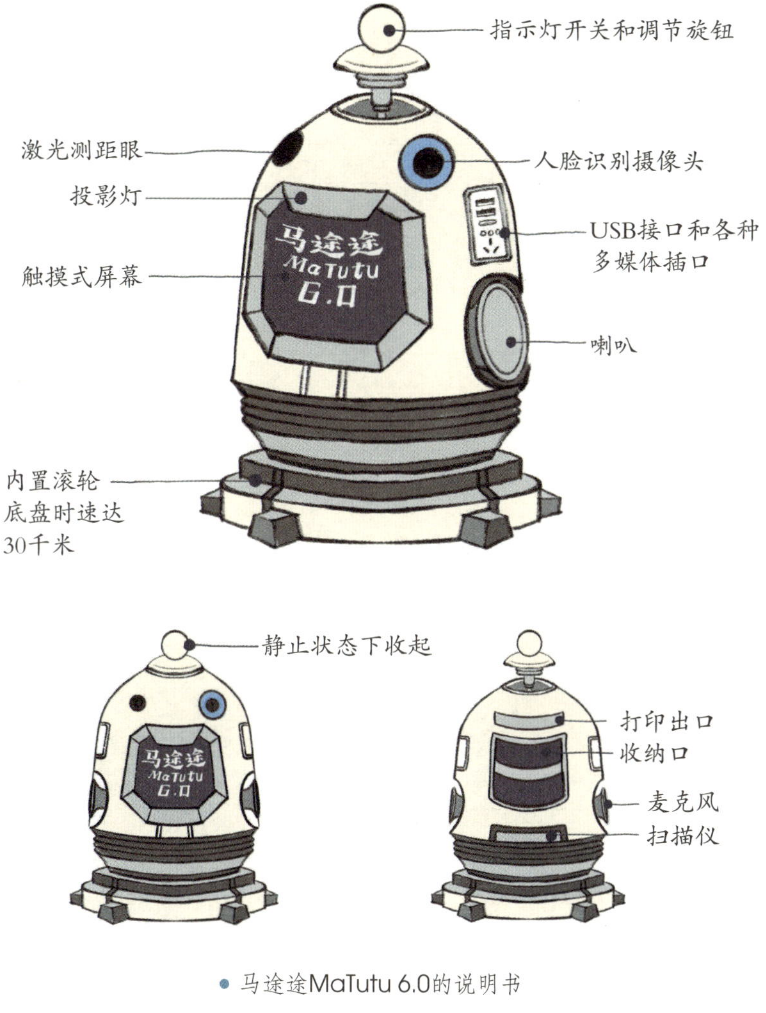

马途途MaTutu 6.0的说明书

第1章

身体说明书

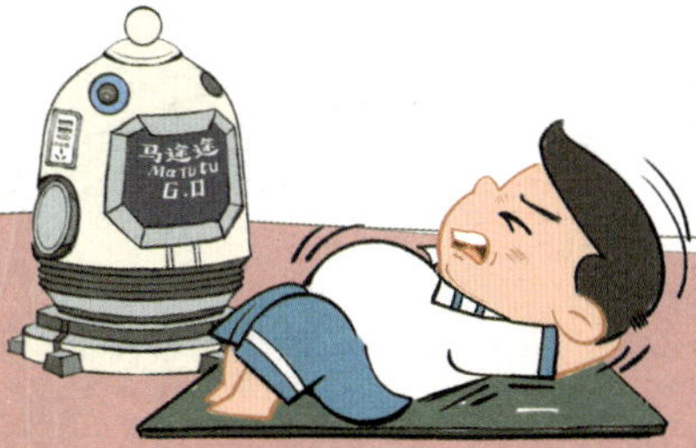

马达老师的第一课，在教室屏幕上展示了一张老照片：一个看上去 10 岁左右的**小胖墩儿**，戴着太阳帽和红领巾，背着一个蓝色双肩书包，很不高兴地看着镜头。

“这是谁啊？”同学们交头接耳，“会不会是咱们班新来的插班生呢？”

看着照片上的小胖墩儿眉毛挑起的样子，多梅多觉得好像在哪里见过。

“认不出来吧？”马达老师得意地挑起眉毛，看着

马达老师的小胖墩儿照片

大家。

“是马老师？！”肖思思脱口而出。

“啊？不会吧，是马老师？”全班同学叽叽喳喳、七嘴八舌，多数人都不相信这个小胖墩儿会是眼前身材匀称高大的马达老师。

“**恭喜你，答对了**！”马老师得意扬扬地说，“就是我！这张照片是我五年级升六年级的暑假，开学前一天去学校报到时，我妈妈在小区楼前抓拍的。那时候，我可不喜欢被拍照呢！”

多梅多听着心里暗暗地笑起来，真是同一个世界，同一款老妈啊。

“你们看到那时的我，能想到我会长成现在这个样子吗？”马达老师说得好像有点**凡尔赛**。

同学们不停地在屏幕和老师之间看来看去：您这是喝了魔法药水吗？

“从小到大，我们的身体竟然会发生这么大的变化。这是怎么做到的呢？今天的体质健康教育第一课，我们就一起来进行一次身体大发现。马途途，数据上传。”

“收到。准备上传！”马途途侧面伸出一个USB接口，径直冲到电子白板前连接播放起来。

大家吃惊地**瞪大了眼睛**。很多人像多梅多一样，顾不上看屏幕，一直在目不转睛地盯着屏幕旁边工作着的马途途。

马达老师对同学们的吃惊似乎见怪不怪，自顾自地讲起来。不一会儿工夫，大家就被他讲的内容吸引了过去。

当你翻开家庭相册，看自己小时候的照片时，你一定会感慨自己以前“竟然是那个样子”。从小到大，我们的身体经历了很多变化，有些我们可以看到，还有很多可能我们自己也不记得或者并不知道。

作为人类，我们从出生时就带着几百万年来不断进化成长的基因。这些生命发展和进化的成果，持续在我们的身体里产生作用，伴随着我们的日常生活。

每天早上，我们被爸爸妈妈或者闹钟铃声叫醒，耳朵最先开始上岗工作，收集声音信号传给**大脑**。大脑随即发出指令——“再赖一会儿”。于是你的身体按照“赖床”的剧本，头颈部和腰背部的肌肉发力，翻了一个身，脸藏在枕头里，继续保持一动不动。

但此时，你的**心脏和呼吸**已经开始加快，四肢也恢复了明显的知觉，眼球感受到了光亮，眼皮肌肉也准备开始工作。你可能还想故意紧闭双眼，但身体已经陆续开始做好了起床的准备。

当你坐到餐桌前时，虽然你的大脑里有一部分还在很不情愿地想：“今天为什么还要上学？”但是身体已经开始有诚实的反应：鼻子捕捉到了早餐的香气；唾液和胆汁开始分泌；胃和肠有些小激动，开始上岗前的热身运动。

如果你今天因为起床气而不耐烦地选择跳过吃早餐这一环节，可怜的消化系统就只好自己空转了——无论你想吃饭还是不想吃饭，它们都不会轻易放弃自己的工作。

等到坐在教室里时，你大概会后悔没有吃早饭，因为你的肚子并不会听大脑的指挥，有时它甚至会发出令人尴尬的“**咕咕**”声。这时你会意识到，大脑并不是身体的主人，身体并非随时随地服从大脑的指令。

科学家们从低等生物身上发现，大脑只是生命进化的

坐在课桌前肚子咕咕叫的多梅多有点后悔没吃早饭

产物；低等生物没有大脑，如各种软体动物和昆虫，身体为了生存和延续生命，一样可以运转和工作。

要知道，世界上 90% 的动物都是没有大脑的。大脑只是身体的使用者，身体有自己的一套精密的运转程序，每天都在创造各种运动纪录。

8~12 岁儿童的心脏每分钟跳动 70~90 次，到 12 岁生日那天，它至少已经跳动了 441504000 次。如果运转顺利，在你的一生中它至少能跳动 25 亿次。

儿童在安静状态下，肺每分钟一般呼吸 20 次，如果你能一直保持心情平静，那么到 12 岁生日那天，它至少呼吸了 126144000 次。

眼皮通过每分钟眨 20 次来保持眼球湿润，除了睡觉

一颗佩戴着功勋奖章的心脏

的那 8 个小时，一只眼皮每天要眨动 19200 次；别忘了，眼皮还是一组“双打选手”。

全身血管总长度有 96000 千米长，相当于绕着地球赤道跑两圈半的距离；血液 10 秒就能从心脏冲到全身各处；小肠的蠕动速度是每秒 2 厘米，唾液流进口腔的速度是每秒 3 厘米，神经冲动的传导速度每秒甚至可以高达 120 米，可真是“魔鬼”的速度啊！

我们的身体里有百万亿个细胞，天天忙着生长、变化、运动和发展。大家来看看自己的身体，看你能发现它有哪些生长运动的奇迹。

“太有意思了，身体时时刻刻都在创造世界纪录啊！”爱运动的艾小豆情不自禁地叫出来。

全班同学也瞪大了眼睛：开场信息量太大了，这还是一节体育课吗？

“当然是体育课啊！体育、体育，身体教育嘛！”马达老师又得意地挑起了眉毛，同时搬出了一具人体模型，说道：“了解身体，是学习运动的基础。那么，我们有多了解自己的身体呢？”

第1节　细胞部队，集合

“当我们在玩积木拼装或者操作一架无人机时，我们都会认真阅读说明书或操作指南，但我们出生后虽然并没有收到一份身体说明书，却已经开始懵懵懂懂地使用它了。

“现在同学们的学习生活并不比成年人的工作更轻松。如果我们一边长大，一边学习了解身体知识和使用方法，那么不仅能提高学习和生活的效率，更有助于帮助自己在成年后减少损伤、促进身心健康，并可以大幅度提升生活的幸福感。

“下面，我们一起来跟着马途途的演示，学习和研究一下我们的身体说明书。”

身体的组成像一个包括细胞、组织、器官和系统四层等级的集团军。

最底层的基本成分是“**细胞**”，它们是部队中的兵。

结构和功能一致的细胞，就形成了“组织”，像是部队中有一定职责功能的班。

不同的“组织”组合在一起，形成了特定形状和位置的“器官”，它们可以被看作连队。

最高层的结构——由不同的器官、组织一起共同形成的“系统”，就是一支可以独立作战的军队，承担某种特定的身体机能。

系统之间互相整合、相互依赖，各自独立又有所交叉，所有的系统共同组合，构建而成了我们的身体，就像一个大的集团军一样，分工负责，共同作战。

“也像学校一样啊，学生就是细胞，小组就是组织，班级就是器官，年级就是系统，然后所有的系统共同组成了学校！”肖思思若有所思地说。

这个小班长，马上找到了自己熟悉的工作场景。马达老师笑眯眯地点点头。

◆ 细胞

与世界上几乎所有的生物一样，我们身体最基本的组成单位是细胞。人类的身体里有 28 万亿 ~ 36 万亿个细胞，分别组成人体不同的结构和部分，按照自己的功能，不断生长、增殖、分化、衰老和死亡。

细胞很小，只能在显微镜下才能看见它们一个个独立的样子，**人体每秒有大约 380 万个细胞死去和新生。**

人体的细胞有 200 多种类型，它们的共同功能是获取能量、利用营养，以此生长运动。

我们每天吃的食物最终会被分解成非常微小的颗粒，被细胞吸收，通过化学反应，转化为提供运动和生长的能量和营养。同时，在化学反应后产生的剩余废物也由细胞排出，汇聚成我们所能看见的排泄物，如汗水和粪便等，集体被排出身体之外。

每一个细胞有自己的司令部：细胞核。细胞核里的信息决定这个细胞长成什么形状，有哪些功能，什么时候生长，什么时候复制新的细胞，以及什么时候成熟和衰亡。

细胞核里的信息也可以传给下一代人，让新一代人类幼崽的细胞继续按照这些指令进行生长复制。这些信息的载体就是我们常说的“遗传物质”，你可能早就听过它的英文缩写 DNA，它的中文学名叫作“脱氧核糖核酸”。

听过**克隆羊多莉**的故事吗？1996 年，英国的科学家们用细胞核复制了一整只羊，起名叫“多莉”。他们将一只母羊的卵细胞去除细胞核，并移植进另一只母羊乳腺细胞的细胞核。由这个卵细胞发育而成的胚胎，出生后成为一只头角俱全的小羊——“多莉”。多莉的所有遗传特征都与提供细胞核的母羊一模一样，充分说明了细胞核这个司令部控制了细胞的**遗传**和**生长代谢**。[1]

● 马途途和小羊多莉

◆ 组织

组织，是同一个功能的细胞的集合。我们的身体里一共有**四种基本组织**：上皮组织、结缔组织、肌肉组织和神经组织。

（1）上皮组织是身体各种表面的基本组成部分，这些表面可以是皮肤表面、黏膜表面、内脏表面、腔体内壁和管道内壁等。皮肤的最外层和小肠的肠壁，都覆盖

1 小羊多莉长到 6 岁多时就因衰老而去世了，寿命约是一只正常羊的二分之一。克隆羊的寿命到底受哪些因素的影响，还需要同学们长大后去继续探索揭秘。

着上皮组织。它的功能很多，如保护、吸收、分泌和排泄功能。

（2）结缔组织，对于懂英文的同学来说，它的英文名称可能更好理解一些：connective tissue。其中connective是连接的意思，顾名思义，结缔组织是身体里提供连接和支持的组织。

结缔组织的形态有很多，既包括支持身体的硬骨头，也包括可以弹性缓冲的软骨；既包括流动全身、输送营养的血液，也包括附着在内脏器官周围和皮肤之下、储存能量的脂肪；还有肌腱、韧带、筋膜等不同形态的组织。它是人体里最多样化的组织。

（3）肌肉组织，是可以收缩运动的细胞群体。第一种，最直接可见的就是遍布全身、连接骨骼、可以随意控制的骨骼肌，也叫作随意肌。第二种，是分布在管道内壁的平滑肌，如肠道、呼吸道、血管壁的肌肉组织。它们可以自主收缩，不受意志控制，也叫作非随意肌。第三种，就是心肌，专指心脏内壁的肌肉，可以进行有节律的收缩和舒张。

（4）神经组织，包括大脑、脊髓和周围神经。这是一群可以传递信息的细胞，使人产生感觉和思考，也可以对其他组织进行指挥和控制。

◆ 器官

器官是身体里各种成形的零部件。外部能看见的鼻子、嘴巴、耳朵等都是器官，内部的心脏、肝脏、肾脏、肺、大脑等也都是器官。它们都具有一定的形态和功能，并由几种不同的组织结合在一起构建而成，可以进行比组织更为复杂的工作。

比如心脏这个器官，就是由**四大组织**共同构成的，包括肌肉组织、上皮组织、神经组织和结缔组织。心脏通过有力的规律跳动，可以推动血液在全身进行循环。

可能很多人不知道，**我们的皮肤也是器官**。皮肤从外向内依次为表皮、真皮、皮下组织，并覆着有毛发、皮脂腺、汗腺和指甲等，**是人体最大的器官**。它的总重量约占人体体重的16%。成人的皮肤表面积可以达到2平方米。那么，你的皮肤面积有多大呢？[1]

皮肤的最外层是**表皮**，由上皮细胞构成，属于上皮组织；内有肌肉层，属于肌肉组织；同时其中布满了血管和神经，血管里的血液属于结缔组织，神经属于神经组

---

1 国际上有一个研究出来的计算公式，叫作许文生氏（Stevenson）公式，可以用来计算我们人体的表面积：体表面积（m^2）=0.0061×身高（cm）+0.0128×体重（kg）−0.1529。除此之外，开动脑筋，你还可以想出哪些方法算出皮肤的表面积呢？

织。所以皮肤也是由四种人体组织按照一定的次序结合在一起构成的器官。

● 皮肤的结构

◆ 系统

“系统”这个词其实是英文单词 System 的音译。它作为身体的顶级层级，是由多个器官按照一定次序组合在一起构建而成的，能够共同完成一种或几种身体机能的器官群体。

我们通常把身体里的系统分成**八种**：运动系统、神经系统、内分泌系统、循环系统、呼吸系统、消化系统、泌尿系统和生殖系统。

（1）运动系统，是支撑和活动身体所需的骨骼、肌肉、关节、韧带等器官的集合。

（2）神经系统，包括大脑、脊髓和周围神经等，接受和传递身体内外部的信息，并控制和指挥身体大部分的其他功能活动。

（3）内分泌系统，包含很多腺体，如我们经常听到的甲状腺、脑垂体、胰岛和肾上腺等。这些腺体分泌激素，控制身体内部状态的稳定，以及生长发育的过程等。

（4）循环系统，包括心血管系统和淋巴系统。其最基本的功能就是推动血液在全身流动，为全身输送氧气和营养物质，并带走细胞排出的废弃物。

（5）呼吸系统，包括空气从体外进入体内所需要的器官和参与呼吸的各种肌肉，如鼻子、喉、气管、肺等，负责将氧气带入身体，并排出**二氧化碳**；呼吸系统同时还具有发音的功能。

（6）消化系统，包括食物进入体内并得到分解、消化、吸收和排出的通道和参与营养加工处理的**器官**。消化道从嘴巴到肛门大约有 9 米长，你知道都有哪些器官包括在内吗？

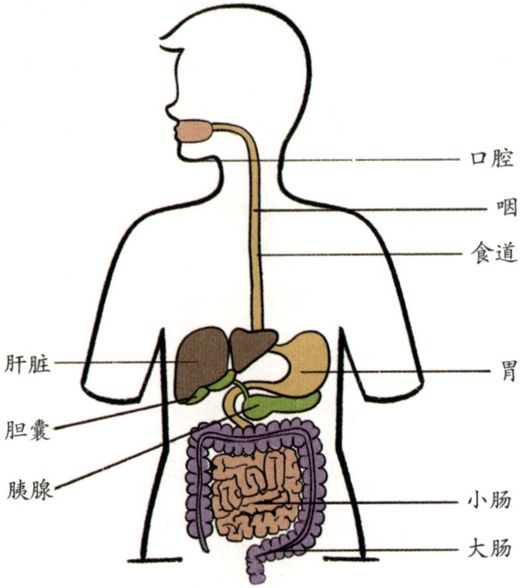

● 消化系统示意图

（7）泌尿系统，由肾脏、输尿管、膀胱及尿道组成，最主要的功能就是排泄，由肾脏负责从血液中提取细胞排出的废弃物和多余的物质，形成尿液，最终经由尿道排出体外。

（8）生殖系统，是唯一不会影响人生存的系统，只在人成长的一定时间段发挥作用。它促成人类幼崽的诞生，繁衍生命。男性和女性的生殖系统完全不同，各自承担着产生精子和卵子，以及分泌性激素等功能。

不同的系统互相依赖、共同工作，这样才能保证我们的身体内部状态稳定，完成每天的日常生理活动，同时适应环境的不同变化。

“那其实，身体的组成和学校也有些不一样。”多梅多举手发言。

“你来说说有哪些不一样呢？”马达老师说。

“在学校里，不仅有学生，还有老师和其他教工。而且，身体的组织、器官和系统，彼此都有不同的职责和功能。我们学生即使分成了小组、班级、年级，任务也都是学习，基本职责也都是一样的。”多梅多边想边说。

“非常好！”马达老师称赞道，“这样找不同，可以帮助我们更好地懂得，身体是由不同功能的部位组成的。正是因为不同部位和功能之间能够进行协调配合，身体才得以全面生长和运动。你思考得很缜密。”

多梅多受到表扬，嘴角不自觉地扬起来，“这个身体教育课还挺有意思的啊！”

第 2 节　神奇的人类幼崽在这里

我们身体的发育最早是从妈妈的肚子里开始的，从一个受精卵长成可以出生的胎儿，在妈妈的子宫里大约要住 266 天。这期间，**心脏是最早出现的器官**。

在妈妈怀孕的第三周到第四周，胚胎的心脏形成并开始跳动，血液循环也随之开始。**婴儿出生之前，大脑是生长最快的器官**，出生时已经达到成年人大脑重量的 24%，而体重则只是成年人体重的 6%。

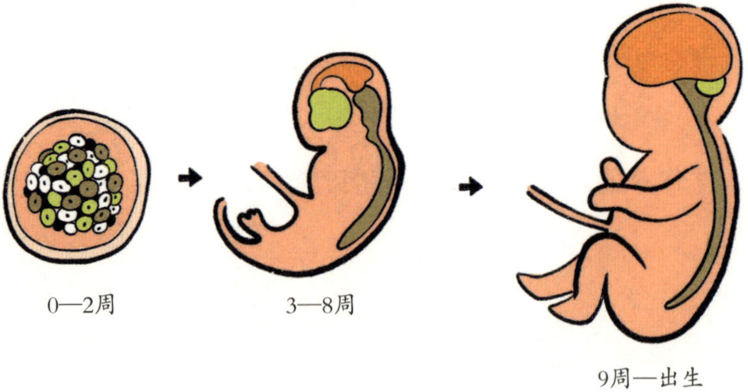

● 胚胎的大脑发育过程

◆ 神奇的大脑

人类的**新生儿**出生时，并不能像动物幼崽一样迅速地适应环境、独立生活，而是需要在后天环境里，通过不停地运动和探索，来帮助大脑和身体完成发育。这个生长发育过程可以长达二十年。

动物幼崽出生后，首先生长发育的是四肢，这使它们能够尽快地开始行走和奔跑，以适应**野外生存**的要求。人类作为高级动物，经历了几百万年的进化，拥有了更大的头部和大脑。

将胚胎提前生产出来，以缩短孕期并减少产妇的生产困难，这是人类在进化过程中做出的选择。**所以，人类幼崽在出生之时，其实还处于发育未完成的状态。**

不像有些动物生下来只靠妈妈带着，人类是一直群居互助的。如果爸爸妈妈忙不过来，还有亲朋好友、托儿所、幼儿园、学校等机构帮助共同抚育人类幼崽。所以人类幼崽不再为出生后的生存问题担心，新生宝宝可以继续优先进行大脑的生长和发育。

婴儿的发育是从头到下肢、从近端到远端，这也导致我们的行动能力不如其他动物幼崽。刚出生时，我们的头占身体的四分之一,四肢和躯干还十分短小；在成年后，头占身体的八分之一，四肢和躯干在十多年的时间中，伴随各种运动实现了最大程度的生长发育。

大脑袋的婴儿艾小豆在爬行

人类大脑的发育主要是在婴幼儿期。刚出生的宝宝，通过身体所有的组织、肌肉和骨骼的运动，帮助大脑和神经生长。在出生后的第一年，宝宝每个月都在学习掌握不同的运动，身体的能力在日新月异地提升。

老话里常说的“三翻、六坐、八爬”就是指宝宝们“第三个月可以翻身，第六个月可以坐着，第八个月开始爬行”。这个运动学习的过程与动物幼崽相比，可以说非常慢了。但是这些缓慢的动作学习过程，正是新生儿大脑进行开发建设所需要的速度。

运动的探索和学习，可刺激大脑产生新的神经细胞，并促使这些神经细胞相互连接，进行信息传递。当一项运动技能被掌握时，连接在一起的新神经元会被神经系统长期固定存储起来，这些固定的神经连接可以让这项运动技能成为一个习惯动作，这样宝宝在下一次爬行时，大脑就会很熟悉地按照之前建立连接的神经元路径传递信息，有序地出手出脚，而不需要重新再做思考和判断。

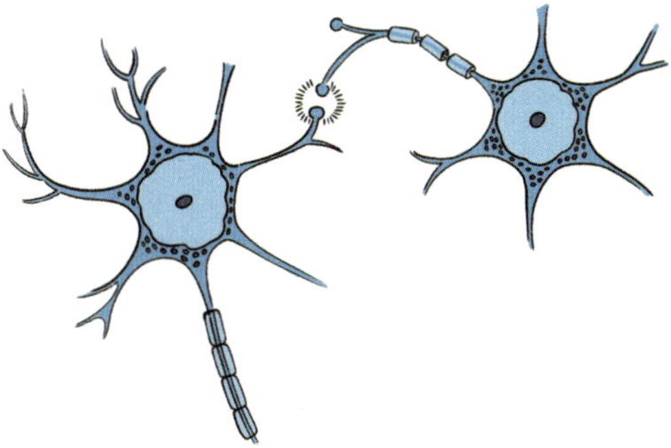

神经元的连接

这种以运动促进生长的方式，帮助我们在出生后的前四年完成了 80% 的大脑发育。如果我们坚持运动，同时学习一些复杂的动作，就可以终生促进脑部神经细胞的生长和更新。

“怪不得我小时候脑袋那么大呢，我很小就知道‘大头大头，下雨不愁’这首儿歌了。”艾小豆摇头晃脑地说。大家都笑了起来。

“虽然你的头和身体的比例变小了，但因为一直有很多运动，大脑肯定也是非常发达的。”马达老师笑眯眯地说。

“真的吗？”艾小豆第一次被老师夸奖“大脑发达”，自己都有点不敢相信。

◆ 神奇的骨骼

骨骼的生长也主要在儿童和青少年时期。一个新出生的宝宝身体里有 305 块骨头，而到了成年后，身体里的骨头会变成 206 块。这是因为在我们生长发育的过程中，一些骨头会融合在一起，形成较大的骨头，如头盖骨。我们用这些更大的骨头来承担保护任务或者承受更大的力量。婴儿身体里还有很多软骨。在生长发育过程中，伴随着运动强度的增加和运动能力的提高，很多软骨也会渐渐变成硬骨。

骨骼是我们身体的**基础架构**，决定了我们的基本身体形态。骨骼同时也支撑了我们的身体、对抗地球的重力、保护内脏器官。骨骼还储存造血细胞、脂肪和钙、磷等矿物质，以提供给身体生命运转所需的**能量和物质**。

婴儿骨骼里的红骨髓储存了大量的**造血细胞**，到了成年后，只有手臂、大腿的长骨里还有红骨髓，其他骨头里则是储存脂肪的黄骨髓。

骨骼是由骨细胞构成的结缔组织，总重量并不像它们看上去那么重，约占一个成年人体重的 20%，但是人体几乎所有的体重，都靠着骨骼来支撑，所以骨骼本身是十分坚硬和牢固的。

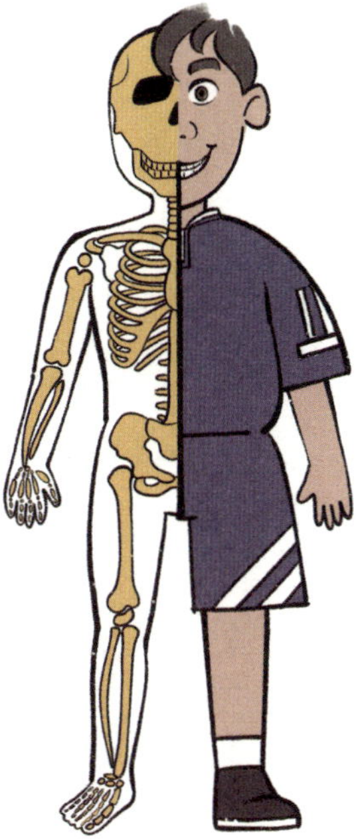

● 骨骼的整体结构

骨骼并不是一成不变的，骨细胞的生长发育跟营养和锻炼密不可分。富含钙和磷的食物，如牛奶、豆浆、瘦肉、蔬菜和谷物都是骨细胞生长的最佳**营养来源**；同时，骨细胞会通过不断生长来对抗骨骼所需要承受的力。如果经常运动，如跳跃、腾空和移动身体，身体的重量就会给骨骼很大的压力，从而促使骨细胞加快生长和分裂，以塑造更加坚固的骨骼。

人身体中最长的骨头是我们的大腿骨，因此它也是促进身高增长的一个关键部位。它的正式名叫作股骨，成年后它的长度大约是身体的四分之一。

股骨的顶端叫股骨头，人刚出生时它还是透明的软骨，在第 3~7 个月，股骨头开始出现骨骺（hóu）。骨骺在很长一段时间内能保持活跃的增殖能力，使软骨不断增生变成硬骨，这种骨化过程使股骨不断增长。

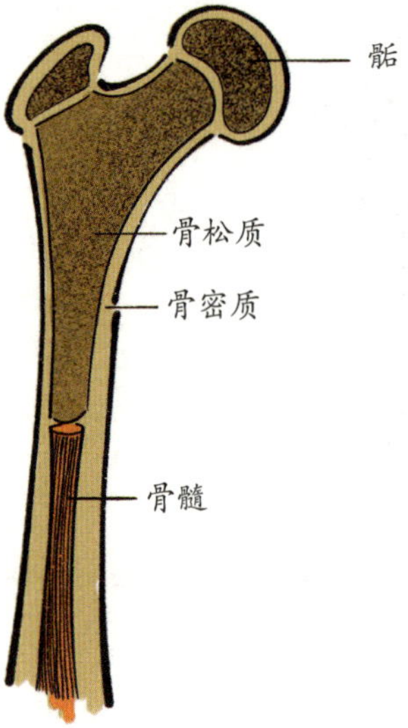

骨骼成分示意图

骨骺软骨是儿童特有的骨骼部分，当我们长到 15~19 岁时，骨骺闭合，股骨头的发育便告以结束。经常锻炼的儿童、青少年，其骨骼软骨受到较多的刺激，会更多地进行骨细胞的分裂更新，使得骨骼发育比较充分和结实。如果想身体长得更高，就要在骨骺闭合年龄到来之前充分让骨骼进行生长和发育，体育锻炼是最有效的长高办法。

很多篮球迷都熟悉的 NBA 球员拉塞尔·威斯布鲁克，是美国职业篮球联赛历史上运动能力最强的控球后卫，大家给他起了很多绰号，如“威少”“神龟”等，来赞叹他超强的身体素质。常年刻苦训练的他身高 193 厘米，肌肉健壮，而他的亲弟弟对运动不感兴趣，身高仅停在170厘米，体型肥胖，他们的父亲身高也仅有170厘米左右。

充足的运动锻炼，让不少爱好运动的孩子像“威少”一样长成了家里的“顶梁柱”。

“那我现在锻炼还来得及吗？”坐在第一排的高大梁小声地嘟哝。“当然来得及！你们现在是小学高年级的同学，身体各方面能力增强，正是学习体育运动项目的好时候。还记得我五年级暑假那时是什么样子吗？”马达老师对高大梁眨了眨眼睛。

多梅多心里暗自嘀咕，如果马达老师眨眨眼睛，长高的魔法咒语就生效，不用搞什么“刻苦锻炼”，那该多好啊！

◆ 神奇的肌肉

我们身体里有600多块肌肉，肌肉的作用是通过收缩来牵拉骨骼，帮助身体进行运动。男生和女生因为身体构造的不同，肌肉数量也有所差别。男生身体的肌肉约占体重的五分之二，而女生身体里肌肉的比例要小一些。

你的身体可以做到一动不动吗？即使上课时最安静的

学生，身体里也会有在不停运动的肌肉。有些肌肉的运动是不受我们的意志支配的，叫作**不随意肌**，如心脏的肌肉、肠胃的肌肉等；大部分肌肉的运动可以受人的意志控制，如做起立、举手、说话的动作时用到的肌肉，这些肌肉就叫作**随意肌**。

我们平常运动所需要的肌肉是附着在骨骼上的肌肉，都是随意肌。由于骨骼肌不会舒张，只会通过收缩来拉动骨骼运动，因此聪明的骨骼肌肉们就结对进行运动：当一条肌肉收缩时，与它搭档的另一条肌肉就被拉长，两个好搭档就像跷跷板的两端，用力来帮助对方到达自己去不到的方向，同时还可以防止对方用力过度，造成关节或骨骼脱位或损伤。

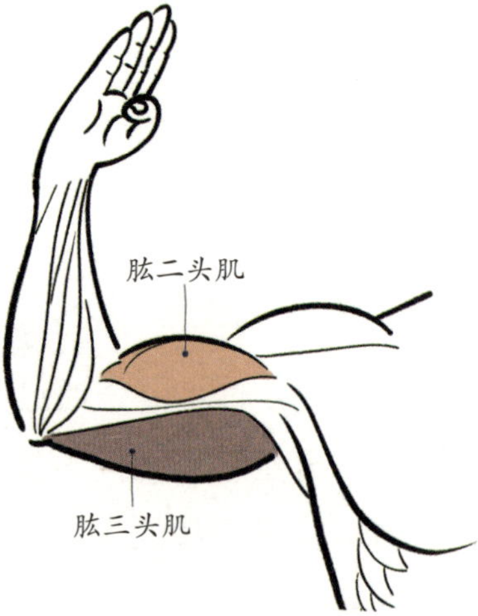

举手的肌肉示意图

在我们上课举手发言时，手肘弯曲之际，大臂前侧的**肱二头肌**将会收缩，小臂被拉向大臂。与此同时，大臂后侧的**肱三头肌**被拉伸；而当肱三头肌收缩时，小臂可以伸向远方，大臂前侧的肱二头肌得以拉伸。

当我们做仰卧起坐时，腹直肌用力收缩，就可以带动脊柱向前弯曲，身体后侧的竖脊肌就会被拉伸；当竖脊肌用力收缩时，脊柱会被拉直，或者向后侧弯曲，身体前侧的腹直肌就可以得到拉伸。

肌肉的生长主要依靠三件事：运动、营养和睡眠。婴儿刚出生时，肌肉的重量只占体重的四分之一，身体里的脂肪和水分较多，所以身体看上去很柔软、胖嘟嘟的。到了半岁的时候，随着运动量的增加，他们开始不满足于喝奶，更多的蛋白质和营养需要以固体食物的形式被添加到宝宝的食谱中。从这时开始直到三岁左右，肌肉生长的速度非常快。

运动多、营养好和睡眠足，是小宝宝身体肌肉健康茁壮的主要条件。很多形体不够丰满和健壮的宝宝，像“豆芽菜”一样瘦弱、矮小或者无力，还有过于肥胖超重的大块头宝宝，一般就是上述三个条件中有缺项，从而导致其发育落后于同龄人。

肌肉细胞通过运动来生长。体育锻炼使得肌肉的负荷加大，可以更高、更快、更强地带动我们的躯干和四肢，更多的营养和能量被输送到肌肉参与细胞的生长过程。肌肉细胞的体积因此不断增大，整块肌肉也会变得更大、更厚实。

马途途盯着多梅多痛苦地做仰卧起坐

在孩子青春期来临之前，他们自身的重量已经可以给身体肌肉带来足够的压力，因此锻炼时依靠自身体重即可，不需要额外增加负重。有些专业青少年运动员为了让局部肌肉更加有力，才会选择用器械和设备增加负重，如杠铃、哑铃和沙袋等。这种情况下，需要有专业的体育教练进行科学的计划和指导，盲目增加负重反而会对肌肉造成伤害，影响身体生长。

蛋白质是肌肉生长的主要原料。日常饮食要学会选择富含蛋白质的食物，如瘦肉、牛奶、豆制品和果仁等食物，而不要总是被“香香的”油炸食物或者调味料很重的零食带偏。天天吃**没有营养**的速食和零食，身体就会变成储存脂肪和调味料的油罐和调料罐。肌肉细胞没有充足的营养来支持生长，就会变得松软，甚至萎缩，对骨骼和关节都不能提供有力的支撑和带动。

无论你是否相信，在目前的生活条件下，我们中小学生当中依然还有相当比例的人**营养不良**，体重低于正常标准。这跟平日不健康的饮食习惯有很大的关系。

肌肉在承受运动负荷时，肌肉纤维会有一些微小的拉伤和断裂。通常神经不会把这种肌纤维的细微拉伤感知为疼痛，而是一种酸胀和疲劳的感觉。这是肌细胞需要迅速生长来修补拉伤的时候，也是肌肉纤维变得更加粗壮的机会。

● 细挑的高大梁在胃口大开的多梅多身边看着饭菜发愁

睡眠或放松休息，是肌肉进行修补和生长的最佳时间。充足的睡眠给肌肉生长提供另一个必需的条件。如果只是一味锻炼和补充营养，肌肉没有时间休息修补，其实反而会对肌肉造成伤害。所以，无论是日常的体育锻炼，还是专门为了增加肌肉的锻炼，都要科学地计划，给肌肉留出时间休息。

“运动、营养和睡眠，是长肌肉的三个法宝，缺一不可。如果你的肌肉生长不足，脂肪过量，你就会一直像一个小宝宝一样软乎乎、胖嘟嘟的。”马达老师又指着自己五年级的照片做例子。

多梅多低头看看自己又胖又软的肚子，暗暗地叹了口气，又听见马达老师似乎在安慰大家：“通过这个课程，我们现在学会多观察一下自己的身体，了解自己属于哪一种情况，想让自己的身体长成什么样，然后我们就可以一起去找合适的运动方法。”

第3节 是战，还是逃

根据心理学家的研究，从原始人类开始，我们就无时无刻不在生存过程中面临“战斗还是逃跑”（fight or flight）的选择，身体因此通过积极运动来对抗生存压力。

人类的基本运动能力其实与动物无异，**速度、力量、耐力和灵敏度等都是我们的基本运动能力。**由于人类的大脑比动物更加发达，肌肉群分工更加复杂多样，负责运动的神经中枢也可以随着更多的动作练习而变得更强大。协调性、平衡性、精细度、连贯性等复杂的运动能力，在基本运动能力的基础上都得以建立和提升。

◆ 决定生存的基本运动能力

通常基本运动能力都是由大肌肉群来承担的，如奔跑、跳跃、投掷、攀爬、翻滚和支撑，都是用四肢和躯干的大块肌肉来完成动作的。这些运动能力，与人类的基本生存能力息息相关。

如果我们突然被时光机传送到非洲大草原上，这些基本运动能力就要大显身手了：为了逃脱狮子的追杀而不得不疯狂奔跑闪躲，为了摘取可以食用的果子而努力爬树，为了吃点富含蛋白质和脂肪的食物而通过投掷石块和树枝来捕猎野鸡和野兔，为了寻找水源而跟随羚羊群长途奔跑。

不到一个月，跑得快、跳得远、扔得准、爬得高的人类将得以生存，而这些能力弱的人会被自然淘汰。你说，谁会想做那个**被淘汰**的人呢？

原始人打扮的多梅多在草原上狂奔，马途途指挥着一只狮子在后面紧追不舍

多梅多眯起了眼睛，“打不过的，我肯定是要逃啊！”他想起以前在野生动物园里见到的狮子和老虎，爪子都比自己的手掌大，走来走去根本不把人放在眼里。

多梅多扭头看了看侧前方眉头紧皱的高大梁，估计他也没的选，只能逃吧。

“跑不动的胖子和瘦子，狮子会先选谁呢？”多梅多又开小差了。

我们的基本生存能力，也就是大肌肉群的运动能力，是出生后最先开始进行发育和发展的。不同年龄阶段的**身体生长**，还可以通过运动练习而得到不断的提升和加强。这些大肌肉群的能力，在现代日常生活中虽然不再影响我们的生存，但是会决定我们遇到紧急情况的应变能力：比如遇到失控车辆的紧急闪躲；突然被绊倒倒地，身体及时翻滚避免与地面直接撞击；遇到坏人袭击，自己能够快速奔跑逃脱到公共场所；遇到洪水或泥石流等自然灾害，可以攀爬或奔跑进行及时避险。这些基本运动能力可以帮助我们在日常生活中减少对身体的**各种伤害**。

但是，现在的情况是，由于我们白天大部分时间都在静坐，很多时候没有锻炼大肌肉群的机会，导致身体的耐力、心肺功能和爆发力都在下降。不少同学对这些能力的锻炼不够重视，爸爸妈妈和老师也没有给予足够的指导，很多同学甚至在这些基本能力方面都有缺失。

对于走步、跑步和跳跃，学校里会有基本的教学和练习，甚至可能有些体育课只教这三项内容，然后就是自由活动。像投掷、攀爬、翻滚、支撑等基本技能，很多人从小到大都没有机会做任何尝试，甚至忘记了自己的身体还应该有这部分能力。

小学时就应该学会的前滚翻，还有很多同学到了大学时仍不会做。而跳马、单杠、倒立支撑这些运动项目，其实应该是我们每个人都可以掌握的**基本技能**，却几乎变成了只能在电视里看到的竞技比赛项目。

生活中越来越多的同学因为简单的游戏和打闹，导致**严重摔伤**，结果爸爸妈妈和老师越来越不敢让孩子们做稍微剧烈一点的运动。如果孩子们下课和放学后，总是“慢慢走”“不许跑”“不能快”，那么身体的大肌肉群就没有机会进行有效的锻炼，一旦摔倒，身体就无法产生本能保护反应。

最近有个比较极端的例子，一个初三的学生在体育中考 50 米的跑道上因为快速奔跑**失去平衡**而扑倒在地，结果不幸两个小臂同时摔伤骨折了。这是典型的身体缺乏应变和保护技能的情况，摔倒时只会用小臂直接支撑身体重量，而不会顺势进行翻滚以减少与地面的撞击。这种情况不仅影响其后面的学习和升学考试，还会影响长期的身心健康和生活质量。

跑跑跳跳，追逐打闹，其实是人类幼崽最重要的运动能力锻炼方式。一定记得告诉我们的爸爸妈妈和老师：“要生存就要跑跳，会翻滚才不怕摔跤！”身体的灵活性要靠多运动才能实现，太“老实”的孩子怕是要摔大跤的。

● 多梅多跟着马途途在地上打滚

“要生存就要跑跳，会翻滚才不怕摔跤！”这句话深深地打动了多梅多，他不禁心中暗喜：“我回家把这句话贴在卧室门上，以后在房间地板上打滚，老妈就再也不能批评我啦。”

◆ 决定发展的复杂运动能力

复杂运动能力，是组织调动小肌肉群、神经系统以及大肌肉群协同配合的运动能力。因此我们所说的复杂运动，除了大肌肉群的运动，还包括小肌肉群的精细运动和神经系统运动过程中的判断决策。在实现身体基本运动能力的基础上，学习和提升复杂运动能力是身体和大脑发育的进一步需求。

小肌肉群的运动能力，主要体现在对精细动作的掌握。**手**是一个典型的身体部位，丰富的关节和小肌肉，使得我们的手可以进行非常多样的动作，也是我们进行手工创造和复杂操作的基本条件。儿科医生在判断小宝宝的运动能力和大脑神经控制能力是否正常时，会用手部的精细动作发展程度作为**参考依据**，如抓奶瓶、捏取细小颗粒、拿勺子、握画笔等。这些都是小宝宝在 6 个月到 3 岁逐步学会的手部精细动作。长大后，我们会的精细动作就更多了，如拿筷子、弹玻璃球、玩魔方、转笔或者打乒乓球等。

“还有跳孔雀舞时，用手来模仿孔雀头的动作。”肖思思抢答道。

“那也比不上我高超的转笔动作！”艾小豆开始用圆珠笔疯狂炫技。

“那也比不了我弹钢琴的快速指法！”高大梁此时也恨不得用手指把桌面弹破。

“我还会编手指围巾！”“我会玩花式篮球！”同学们的声音此起彼伏，谁也不服谁。

“我能用左右手同时拿筷子吃饭！”多梅多一语震惊全场。

“那还是你厉害！”面对多梅多这项独门技能，全班同学都败下阵来。

● 食堂里众人围观多梅多左右手各拿一双筷子大吃大喝

复杂运动能力还包括大脑在运动过程中的**判断和决策能力**，通过大脑的及时判断和调度，使得肌肉和骨骼的协调配合更加连贯顺畅，以达到最佳的运动效果。例如，打乒乓球时手和眼睛的快速配合，篮球比赛中面对对手拦截时的躲避和传球，足球带球过人时采取的假动作，以及打网球时对对手击球落点的预判和跑动救球等，都需要在运动过程中由大脑及时做出判断和决策，在肌肉群进行运动的同时，随时调整肢体的运动轨迹和方向，以实现最好的**运动结果**和**成绩**。

因此，在锻炼复杂运动能力时，人们通常会选择学习技巧多样、竞技性强的运动项目，以提高身体的灵敏性、平衡性和协调性，比如体操、花样滑冰、足球、篮球、排球、羽毛球、乒乓球等专项运动。运动过程中包含大肌肉群的充分运动、小肌肉群的精细动作和大脑随时需要进行的**判断决策**。在练习过程中，我们可以综合提升身体的协调运动能力，形成对身体和运动器械的熟练感知，同时还能够充分感受运动锻炼和体育竞赛的乐趣。

“所以嘛，踢足球还是比跳舞更有技术含量！”艾小豆听明白了，很得意地看着那帮整天练舞蹈的女生。“哼！”女生们谁也不想回应，甩了六七个大白眼给他。

马达老师笑着说：“舞蹈也是一种复杂的肢体运动，虽然没有竞争对手，但对身体的协调性和平衡性要求很高。要想跳好一支舞，需要大脑与身体的充分沟通和及时决策，还需要对音乐有非常敏锐的认知和欣赏能力，更是非常有技术含量的运动。”

女生们有老师撑腰，越发昂首挺胸，腰板直直的，脖子长长的，还真是很有范儿呢。

● 踩着足球的艾小豆和跳孔雀舞的肖思思背对背谁也不服谁

◆ 运动锻炼的最佳年龄段

我们出生后发育最快的是**神经系统**，神经系统中的运动中枢是躯体运动的最高级中枢，所有随意肌的运动都受运动中枢指挥。因此从儿童和青少年时期进行锻炼以提升与神经感觉相关的**身体素质**，如灵敏度、速度、平衡感、技术性动作训练，是符合身体发育和成长的规律的，能够增强大脑运动皮层的处理能力。

我们的大脑发育在成年后基本定型，即使训练量增大，运动中枢处理信息的能力也会受限，新神经元的建立无法像青少年时期一样快速和充分，因此也很难达到青少年时期的学习效果。

“敏感期”最早是生物学领域的专业词语，后来有个意大利教育学家玛利亚·蒙台梭利，把敏感期原理应用到了幼儿的**智力开发**。事实上，运动能力与大脑发育息息相关，因此在人的生长过程中，也会有“**运动敏感期**”，其主要是研究小学和初中的学生发展某个特定运动能力和素质的最佳年龄段。

“哎呀，那今年暑假，是不是到了我的吃饭敏感期？”多梅多不由得脑子里开始活学活用。

这些运动敏感期，是指在对应的年龄段里，大脑的神经系统和肌肉生长更加充分地发展某项特定的运动能力，如速度、爆发力、力量等。这个敏感期理论可以提醒爸爸妈妈和我们自己，在对应的年龄段多做一些相应的练习，可以激发更多的**神经元的建立**和**肌肉细胞的生长**。

（1）速度素质发展敏感期，包括反应速度、位移速度、动作速度等能力的发展时间，通常认为在 7~10 岁。处于这个阶段的孩子会对速度的学习和掌握更加敏感，可以在课上课下多做赛跑冲刺的游戏，锻炼肌肉迅速收缩的能力。等到 14 岁之后肌肉收缩速度下降，动作频率提高和速度加快就比较难训练了。

（2）力量素质发展敏感期，主要提升肌体对抗阻力的能力，这段敏感期被认为在13~15岁。我们的力量练习应以对抗自身体重练习为主，如俯卧撑、引体向上、仰卧起坐等。减少器械举重类的憋气动作的练习，避免影响身体的发育。

（3）耐力素质发展敏感期，主要是指心肺功能提高、增强长时间运动的能力的时期，男生的耐力敏感期在9~10岁和13~14岁，而女生的耐力敏感期被认为在14~15岁。跑步、爬山、骑自行车和游泳都是提高心肺功能，增大摄氧量的运动练习。

（4）柔韧性素质发展敏感期，是提高身体各关节在不同方向上的运动能力，以及肌肉和韧带等软组织的伸展能力的时期。女同学的柔韧素质发展早于男生，通常在9~11岁；男同学在14~16岁。但青少年柔韧性提升容易，下降也快，需要长期坚持练习。体操、游泳和武术等运动对于柔韧性提升有帮助。

（5）爆发力素质发展敏感期，主要提高肌肉短时间内发挥出来的最大肌张力，通常与肌肉的最大力量和速度都有很大关系。立定跳远是对爆发力最好的测评和锻炼。这段敏感期通常男生在12~15岁，女生在9~11岁。

“老师，是不是过了敏感期，我们就再也学不会了？”高大梁不愧是学习委员，最关心学习问题。

“好问题，”马达老师点头说，“其实，运动敏感期理论主要是为了说明青少年时期是学习和提高运动能力的最佳时期，希望能够引起家长和老师对孩子们体育锻炼的重视。运动敏感期有一定的理论依据，但是同时，如果我们想进行体育运动的学习，什么时候都不算晚。现在开始，就是最佳时机。”

多梅多看见高大梁听得很认真，还在做笔记！这门身体教育课，学习委员要靠笔记考优秀？

大家正听得意犹未尽时，马达老师说：“好，我们这一部分的身体说明书就先讲到这里，下节课我们将一起学习如何做好运动准备。下课！”

第2章

从大脑开始准备

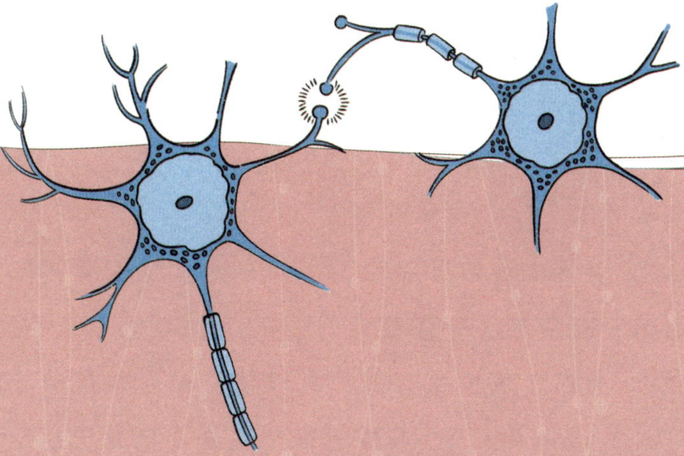

从婴幼儿开始，我们的身体就依靠运动来成长，所以到现在这个年龄，我们每个同学都已经是个“**老运动员**”了。无论你如何看待自己的运动能力，其实都会远远低估自己；更不要相信别人说“**你不行**”的话。不管你以前是否有运动习惯，当你认识到“**我可以**”时，你就可以行动起来，哪怕是从想象中开始运动。

对，从想象开始。哪怕从想象开始，也是一个好的开始。

多梅多惊讶地睁大眼睛笑起来，“从想象开始？那我就躺在床上，想象我自己在跑步呗。”马达老师也笑起来，“好啊，可以在脑海里保持跑步想象，先从每次5分钟开始。”

“啊，真的可以吗？”高大梁也瞪大眼睛。这个体育老师可真有意思。

“那我下次体育课，可以请假站在跑道边，想象自己跑步吗？”“当然可以，一定要把自己的跑步动作和姿势想象得清晰准确，就像真的在跑步一样，只要跟同学们实际跑步时间一样长就行。”

“哈？！”全班同学都瞪大了眼睛。

● 多梅多躺在床上梦见自己被马途途追着跑步

上学的这些年，如果我们的身体已经慢慢退步成习惯静坐，那我们就不可能一下子转变成**体育运动爱好者**。我们可以先从大脑开始做准备工作，激活已经打盹睡觉的神经，感受身体的细微变化，并在专业设备和用具的帮助下，减少运动损伤，让我们的身体逐步感受运动的快乐。

大脑行动的速度很快，我们先训练它进一步感知身体与外部空间的位置关系，并留意和观察日常的动作习惯，随时调整身体，同时从运动想象开始，激活神经和肌肉，让身体持续**探索和学习**动作发展，并建立更多的神经连接。

如果你现阶段是一个不爱运动的同学，那么不妨跟着马达老师做些小练习，你会发现运动可以是简单、安全和轻松的，你的身体会带着你进入状态。

第4节　知道脚趾在哪儿很重要

身体是运动的基础。主动运动，要从主动觉察和准备身体开始。我们不要等到身体累了、痛了或者不舒服了，才发现它的存在。很多身体内在的信息，其实只有你自己最清楚，记录这些信息，可以在运动时帮助你做出更好的判断。

“今天在体育馆里，我会带着大家做些你们可能以前没有尝试过的几个小练习，”马达老师眨眨眼睛，“我们会躺下来、快步走、照镜子，以及想象跑步。马途途也会播放一些辅助讲解的视频，帮助大家了解练习的要领和背后的原理。”

“这种体育课可以多来一打！”多梅多心里乐开

了花，“So easy（太简单了），妈妈再也不用担心我的体育啦！”

◆ 探索身体边界

我们出生之后，就在不停地通过运动来探索身体边界。新生儿靠手脚的移动和触摸，找到了身体的各种末端，在大脑中形成了对身体的基本认知。**皮肤**是人体最大的**感觉器官**，与大脑和神经中枢直接相连。经常做皮肤的接触和练习，可以促进激发我们深层神经对身体的本体感觉——用通俗的话说，就是知道自己的身体各部分在什么位置，这是培养身体协调性和控制肌肉能力的基础，也是学习所有**复杂运动**所需要的基本条件。

两脚站在地板上，先闭上眼睛感受一下自己的身体左右两侧。然后躺下来，用右手手指做粉笔，轻轻地沿着左侧头顶向下，再沿着左侧前胸到左侧腋下，然后顺着左边大腿外侧至左脚脚心，再到左腿内侧。试着用这支“粉笔”在左侧身体表面画出从头顶到脚底的**轮廓线**。然后站起来，闭上眼睛，重新感受一下身体两侧，你会发现什么？被画过轮廓的左侧身体与右侧身体相比，有什么明显的感觉吗？

相信我，接下来你会迫不及待地想用“粉笔”把另外一侧身体的轮廓画完。因为这一侧身体的神经已经被激活，而另一侧身体在大脑中的感觉是“模糊的”或者是“缺失的”。画完另一侧的轮廓线后，你会感觉平衡多了。

探索完身体的轮廓，我们再来感知一下身体的表面。如果轮廓算作“周长”，身体的表面就可以看成“表面积”。接下来我们躺在地板上，让身体慢慢翻滚，可以向任何方向，试着把身体所有的面都与地板接触。在这个过程中，你是否有身体的一些表面无法与地板接触，或者在接触地板时你自己的感觉并不明显，是否还有一些表面是“失联”的，你自己一点儿都感觉不到呢？借助与地板的接触，我们重新发现和了解**自己的身体**，这也是寻找本体感觉的一种方法。

如果想进一步训练自己的本体感觉，从现在起就多做皮肤接触和肢体运动，活动手指、脚趾，像**婴儿**一样不断摸索身体边界和它在外部空间里的位置。最简单的办法，多跟伙伴们一起进行身体接触，如捉迷藏、爬树、走平衡木、打沙包，这样的肢体游戏和活动是最好的**基础运动**。哪怕是跟同学在一起挤来挤去，也是一种身体练习。

“怪不得我们喜欢在一起挤来挤去，原来是身体需要啊！”多梅多想到自己课间经常跟何一鸣“对撞”，原来是有科学道理的。

◆ 记录基础节律

每个人的身体都有自己的**节奏**，开始运动之前，你要学会先了解自己的基础节拍，如心率、呼吸和步频等。

心率，通常是指安静心率，也就是人在安静状态下每分钟心跳的次数。成年人正常的心率为每分钟 60 到 100 次。一般来说，年龄越小，心跳越快。我们在妈妈肚子里时，胎心可以跳到每分钟 110 到 160 次。出生后，心脏随着身体的运动越来越强壮有力，心率也会慢慢降低。有些专业运动员的心脏十分强壮，甚至可以达到每分钟只跳 40 到 50 次。

通常情况下，女性的心率要比男性的心率快，儿童的心率要比成年人的心率快，老年人的心率要比成年人的心率慢。青少年的心率和成年人的心率是一样的，安静状态下为每分钟 60 到 100 次。当身体开始进行有一定强度的运动时，心脏就会因为氧气需求加大而增加**跳动次数**。

低强度运动对身体的刺激作用较小，运动过程中心率一般不超过每分钟 100 次，如散步等；中等强度运动对身体刺激强度适中，运动时心率一般在每分钟 100 到 140 次，会出现气喘吁吁的状态，但还可以讲话，如健步走、慢跑、骑自行车、太极拳、网球双打等；高强度运动对身体的刺激强度较大，可进一步提高健身效果。运动中心率超过每分钟 140 次，气喘强烈，不能分神说话，如跑步、快速骑自行车、快节奏的健身操和快速爬山、爬楼梯、网球单打等。

你知道自己平日的心率吗？如果快步走时，大概需要多长时间你会达到**气喘吁吁**的状态？那时的心率是多少，步频是每分钟多少步呢？让我们一起走起来，做好各自的记录。你的数据跟别人的数据肯定不同，它是专属你的基础节律，也是最有效的参考信息。

下一节课，我们也会学习如何计算自己的运动心率，当心跳在运动心率范围内，说明运动强度对自己是合适的。

◆ 调整动作习惯

你是**左撇子**，还是**右撇子**？

无所事事地站立时，你习惯用哪条腿支撑？膝盖与骨盆是否在垂直地面的同一条直线上？

写作业时，你会向哪边歪头？哪一侧的肩膀会跟着手臂一起用力？

跑步的时候，是哪条腿放在前面站立起跑呢？跑步开始后，两条手臂是否同样**用力摆臂**，是否有一条手臂在偷懒？

我们的身体在日常生活中，从最初学习和探索的过程中，慢慢养成了各种动作习惯。在做习惯动作时，大脑神经按照已经形成的固定回路传导信号，不需要在过程中积极进行判断和决策。因此，依靠习惯动作，可以提高我们日常生活中的效率，而不必在每次操作中都重新进行判断思考。比如，每天早上起床、刷牙、系鞋带、上下楼梯等，做这些事情时，你是否有停下来观察和思考这些动作步骤呢？一些看起来**理所当然**的运动，如走路、跑步、骑自行车、游泳，其实我们也是在遵循最初学习的习惯动作，不会再像初学时需要花费很多的时间来掌握动作要领。

但不是所有的习惯都有利于身体。我们经常使用的手臂或者腿脚，往往有越来越用力的倾向，当然它们的肌肉也因为经常锻炼而**更加强壮**；而不经常使用的那一侧，肌肉相对而言就会越来越弱。最过分的是，有时明明是两只手同时在做一件事，比如端一盆花，惯用的手臂会不自觉地多用力，而不惯用的手臂就会悄悄地“**偷懒**”；如果花盆有点重，惯用的手臂那一侧甚至会调动肩膀和脖子上的肌肉来帮助发力，以代替“偷懒”的那部分肌肉的工作。

● 多梅多拿着直尺，试图给高大梁不一样高的肩膀“找平”

如果是持续性的动作，如长时间写字，有些同学就会出现右肩越来越紧张用力的习惯，而我们自己往往没有觉察。这种习惯用力、过于用力或者是代替发力的情况，时间长了会造成身体上的“**不平衡**”。

在我们生长发育的阶段，最需要做的就是学会经常观察这些习惯，探索一些新的动作，这不仅有利于激发更多的**神经连接**，还可以避免不良习惯给身体带来的损害。对身体而言，最有利于生长发育的动作和姿势，必须是平衡的。这种平衡会体现在身体左右两侧，前后两面，甚至上下两段，可能包含**多组肌肉群**或者相邻的多个关节。

如果你是右撇子，那就经常试着用左手学习一些同样的动作，日常增加它锻炼的机会，如拿筷子、擦黑板、拍皮球或者有意识地用左手参加提水桶、扫地、拖地板的劳动等。如果你正在学习羽毛球或者乒乓球这种单侧运动的项目，另一侧的手臂、腰背、肩颈也要记得做一些力量训练，防止出现两侧肌肉张力的**不平衡**。

让我们一起在自然放松的状态下，照照镜子看一下身体站立的情况。观察一下自己的动作和姿势，是否发现肩膀已经明显出现高度不同，或者两腿粗细不同，或者手臂摆动幅度不一样的情况，如果有就要及时告诉爸爸妈妈和老师，请他们带你去专业的教练或医生那里检查一下，避免身体因为肌肉的不平衡导致骨骼生长发育出现偏差。

很多同学出现的**体态问题**，都是肌肉用力不平衡导致身体姿态出现变化。常见的体态问题有头前倾、脊柱侧弯、高低肩、骨盆不正、膝盖内外翻、足部内外翻，甚至于身高受限。大多数情况下这些体态问题是可以及时通过针对性的体育运动训练来矫正的。严重的体态问题可能已经阻碍到骨骼的正常生长，一定要及时去看医生。

◆ 培养运动想象力

“**运动想象力**”就是我们的大脑对身体动作的感知和

想象，学习的运动越复杂，越需要我们的想象力。在专业体育训练领域，这种运动想象力的培养，叫作“念动训练”，也有人称它为“动觉意象”，看上去都是很玄奥的词，其实就是用我们的想象力，在大脑中将正确的动作步骤和要领虚拟地练习一遍。

你做的每一个动作，在脑海中是否都能清晰地感知到：这个动作从起始到结束，身体的哪些肌肉和关节参与了这个过程呢？让我们闭上眼睛，一起来想象自己跑步的样子。

从站立起跑开始，上半身稍向前倾，头保持正中位置；屈肘，两手半握拳；注意脚的位置，膝盖微曲，手臂一前一后，注意不要同手同脚。

发令枪响了，现在开始跑步：两臂放松前后自然摆动，大腿积极前抬，小腿自然放松，依靠大腿的前摆动作，带动髋部向前；脚后跟先着地，然后迅速过渡到全脚掌着地，向后用力**蹬出**，步幅大而有**弹性**。

腹部肌肉紧张，呼吸均匀、细长、充分而有节奏，鼻子吸气，嘴巴呼气，注意身体不要左右摇晃和转动。

如果这个动作要领有点复杂，你可以在脑海里用慢动作将它一点一点地“放映”出来，就像放一个自己做慢动作的小视频一样，或者可以像在太空里或者睡梦中跑步一样慢。等你脑海中对动作步骤熟悉之后，再加快想象中的跑步速度。

多梅多在想象自己跑步的样子

“咦，好奇怪，怎么感觉好像这样想着跑也很累呢？”多梅多闭着眼睛，认真地在脑海中跟随着老师的指令。这种感觉就好像夜里做了一个跑步的梦，醒来之后自己也累得不行。“难道说，想着想着，就真的跑了一趟？”

运动想象练习，首先能够帮助你越来越清晰地了解动作的要领，发现自己的肌肉和关节是否到位。学习一个复杂动作，我们除了听从教练或老师的指令反复操练，很重要的一个本领就是能够做**运动想象练习**，靠自己对这个动作有切实的身体感知，并在大脑里反复操练正确动作，巩固对动作细节和过程的记忆。

这种想象练习不仅可以在体育运动方面使用，几乎所有涉及肌肉动作的技能，都可以用运动想象练习来帮助学习和**提高技能水平**，如弹奏乐器、唱歌、写毛笔字或者跳舞。

其次，如果场地环境没有条件进行实际操作练习，那么用想象练习在大脑中进行“虚拟操作”，同样可以激活控制那些肌肉的神经，对身体动作可以起到提升促进作用。等到场地环境可以进行练习时，已经激活的神经可以根据之前建立的神经回路，对肌肉进行实际控制，可以加快身体肌肉学习的速度。换句话说，经常想象跑步，可以在实际跑步过程中缩短神经学习时间，使动作可以更快到位。

最后，面对高难度的动作，或者在开始一次比赛或表演之前，进行脑海中的想象练习，可以帮助你集中注意力，并且巩固强化正确的动作要领，让你的现场表现更加自如和自信。

古时候的老师傅们告诉弟子学本领“全凭心意用功夫”，这个“**心意**”就需要徒弟们多用心进行自我感知和动作想象。现代的体育训练中，对专业运动员的一项重要训练，就是培养他们的运动想象能力——**念动能力**，从而使大脑和身体能够更深入地感知动作要领，实现更高水平的运动表现。越是顶尖的运动员，在运动学习的过程中越会充分运用想象力来激活肌肉神经，把握高难度的动作要领。

很多时候我们在电视转播里看到在体操、射击、滑冰等项目的比赛场地外，**运动员**上场前似乎都是在一旁沉心静气地等待，其实他们可能是在利用“运动想象”把自己的动作套路复习一遍，这样既可以使自己集中注意力，不受外界干扰，又可以为调动肌肉神经做好准备。

肖思思在地铁上想象自己的舞蹈动作

想象力，是青少年比成年人更擅长的事情。从现在起培养对身体动作的想象和感知，做好学习复杂运动的基础准备，“想着想着就会了”是真的能实现的！

◆ 做好热身和拉伸

热身运动是每节体育课都会让学生做的练习，有很多同学不以为然，总是急着快点进入真正的运动练习。但是作为运动前的重要准备，热身练习就像是开车前对发动机的预热和慢速起步。如果没有进行热身而快速运动，就很容易在运动过程中受到损伤。

身体在**静止状态**时，所有的系统都是在保持慢速运行，运动神经也没有变得**兴奋**。热身的过程，是给大脑、神经和各关节部位一个提醒，让肌肉和韧带也做好伸缩的准备。尤其是在天气寒冷或者长期久坐后，更是要用低强度的热身练习来帮助身体各部位兴奋和活跃起来，各系统加速运行和循环，为下一步有强度的动作做好准备。

如果不重视**热身练习**，就很容易在运动中出现关节扭伤、肌肉韧带拉伤，以及呼吸不畅或者心动过速等状况，如游泳等水中的项目还会因为水温差异造成肌肉抽筋。同时，如果没有充分热身，运动后的肌肉也会更加酸痛。

同样，当我们结束一段时间的运动时，身体也需要一个降速的过程，各个系统的运行也不能戛然而止，比如跑步结束后不能马上**躺倒**，正确的做法是减慢速度直至平缓步行。

各部位的肌肉在大量运动后，还需要做好**拉伸**。这样能够避免肌肉一直处于收缩状态，利于排出肌肉中堆积的乳酸，可以减缓第二天的**肌肉酸痛**。学校里经常会看见有的同学前一天上体育课练习蛙跳，没有及时认真地做拉伸运动就忙着下课，第二天下楼梯就会变得龇牙咧嘴、一瘸一拐的。

如果在运动后没有拉伸的习惯，也会造成长期运动的部位肌肉变得过于紧实和粗壮，例如有些喜欢足球运动的人小腿变得过于**粗壮**，不仅影响美观也会导致运动的灵活性变差。

艾小豆偷偷地瞄了一眼自己的小腿，还真有点担心变形了。他现在更加明白为什么足球队教练每次训练后不急着放他们走，而是一定要带大家在草地上慢吞吞地做拉伸练习：“原来这才是专业的范儿啊！”

第5节　机甲、能量水和隐形保护膜

“哇，像个大型的体育用品商店！”同学们被马达老师带进了体育器材室，这里被重新布置过了，增加了很多小物件的展示和说明。一些物品似乎在家里也见过，万万没有想到，它们会一起出现在学校的体育器材室。

“对运动的初学者来说，最重要的准备工作，就是做好运动时的科学防护，以避免运动时可能造成的身体伤害。让我们一起跟随马途途，参观一下它收集的体育防护三大法宝：机甲、能量水和隐形保护膜。”

马途途在前面一本正经地带队，多梅多觉得它圆胖的背影似乎还是透出一点点“小骄傲”。

◆ 法宝一：机甲

一提到运动装备，我们大多数人会从衣物开始配备。开始运动时，选择合适的运动衣物，包括一双合脚和有弹性的鞋子，会增加运动的舒适感。一般来说，有弹性和透气的衣物会适合大部分的运动项目。

有些同学热衷当“**装备党**”，还没开始跑步就要先买一双几千元的高级跑鞋。其实，更能提升“武力值”的，不是昂贵的跑鞋，而是专业的“机甲”——运动防护用品。佩戴专业“机甲”，不仅会提升自己的运动积极性，防止身体痛苦，更重要的是捍卫自己的**荣誉和尊严**，不会像个外行一样莽撞冒失，反而影响运动水平的发挥。

运动护具是用来保护身体的重要部位不受到意外损伤。常见的**运动护具**，如头盔、护膝、护腕和护肘等，都是对主要部位和薄弱关节的保护，防范安全风险；同时这些关节和肌腱在护具的支撑下，还可以更好地发力，保证动作不会变形走样。护具的作用是提前保护，我们不要等到关节或肌腱受损疼痛后才求助于护具。

防震防摔的护具：通常外部是用硬质的材料制成，如塑料、橡胶、合金等。例如，骑自行车时佩戴的安全头盔，玩滑板时佩戴的安全头盔和硬质的护肘、护膝，有时还需要戴上硬质的护腕，防止摔倒时手掌撑地遭受过大的冲击；还有踢足球时在小腿前侧佩戴的护腿板。这些护具外壳多为坚硬的材料，内衬为海绵或泡沫塑料等一些减震的软垫；外壳设计成拱形或流线形，以分散对关节和骨骼的直接冲撞。你还知道哪些运动项目有这些类别的护具呢？

保护关节的护具：通常是用有一定弹性的软质材料制成，用来绷贴在关节或肌肉薄弱的部位，给关节和肌肉韧带一定的**压力**以防止骨骼错位或肌肉拉伸**过度**。这种护具相当于给关节和肌肉增加了外部助力，以便减少扭伤或过度活动导致关节和肌肉劳损的风险。

比如，打羽毛球和乒乓球时可以在惯用手上佩戴护腕，打网球时可以同时佩戴护腕和护肘，以减少“网球肘”的产生；跑长跑时，如果膝盖关节容易疼痛，最好提前佩戴护膝，以减少膝关节的损伤；骑自行车长途旅行时，护膝既可以保温，也可以保护膝关节。滑冰或打篮球时，冰鞋或篮球鞋的高帮也是一种保护装置，所以一定要系紧鞋带，让高帮对踝关节起到固定作用，这样脚下做快速移动时就不容易产生踝关节的扭伤和错位。

保护肌肉的护具：肌肉胶布是运动员经常会用到的护具，一方面能够缓解肌肉的肿胀感以及疼痛感，另一方面还能加速这部分肌肉的血液循环和新陈代谢。专业运动员有时在肌肉拉伤的情况下还需要继续坚持比赛，也会使用这种运动胶布，一边治疗拉伤，一边进行肌肉保护。

“还有救生衣，也是一种运动护具！”肖思思的表哥是少年帆船队的，她记得表哥出海时说过，无论是否擅长游泳，帆船运动员下海时最重要的准备都是要时刻穿戴救生衣。

“补充得非常好！水上运动、冰雪运动和其他需要特殊场地和环境的运动，更需要认真佩戴好护具才能开始运动，否则甚至会有生命危险。”马达老师认真严肃地强调。

高大梁非常认真地把每一样护具都试穿一遍，嘀咕道：“安全第一，安全第一啊！”

身体被各种护具保护着的高大梁几乎不能行动，艾小豆戴着护腿板飞快地踢球跑过

◆ 法宝二：能量水

这个展区，摆满了各式各样的瓶装饮料，花花绿绿，令人眼花缭乱。多梅多一眼就看见了自己最喜欢的那款可乐，不禁咽了一口口水。

“运动场上喝可乐的广告，是给电视机前的观众看的。”马途途似乎看懂了多梅多的心思，在一旁忽然冒出了这句话，“运动员们比赛时都不会喝可乐的。”

多梅多狠狠地瞪了它一眼，机器人根本没有感受到任何压力，仍是自顾自地一边移动，一边介绍着它的法宝们。

运动时出汗能够有效地帮助身体降温，但有时运动量一大就很容易口干舌燥，因为身体出汗过多会开始缺水。这一大堆的瓶装饮料中，有水、碳酸饮料、果汁、牛奶、运动饮料等，哪一种是运动时身体最需要补充的**液体**呢？

一般来说，**喝纯水是最简单快速的解渴方法**。如果我们喝的饮料浓度过高，是起不到补水作用的，道理如同在大海中求生，再渴也不能喝海水来解渴一样。海水中的含盐量通常超过人体体液中的含盐量**三倍**，如果喝下海水，人体自身已经为数不多的水还会被进入肠道的高浓度盐水吸收，会进一步加剧身体缺水。所以海水不能被直接饮用，而且会越喝越渴。

普通的碳酸饮料大多含糖量很高，一般含有 10% 左右的糖分。一瓶 500 毫升的可乐，含糖量达到 54 克，相当于吃了 13 块方糖。这样浓度的饮料，喝完非但起不到较好的补水作用，反而会像喝海水一样，使得身体里的水分排出，出现尿量增多的情况。这就是为什么很多爱喝可乐的同学，忍不住喝了一瓶又一瓶，身体其实一直是渴的。同时饮料糖分的摄入，远远超过了国际卫生组织的建议：成人每天最大摄入量为 25 克。大家可以仔细看看饮料瓶上的标签，计算一下它们各自的含糖量，**千万不能**把饮料当水喝。

多梅多悄悄地干咽了一口口水，眼前出现叠在一起的 13 块方糖，“这一暑假，竟然不知不觉地吞下了几百块方糖。”多梅多突然感觉被糖齁到了，真是越来越渴啊。

补充水分时，建议少量多次、小口小口地喝水，这样既可以为身体提供所需要的**水分**，又方便身体对水分及时吸收。在体内水分流失较多的情况下，如果不及时补充水分就会引起水分不足，妨碍身体进行体温调节，降低运动能力；如果在短时间内大量饮水，就会加重心脏和血液循环系统的负担，影响和阻碍运动能力的**发挥**。

但是，如果运动剧烈或者气温过高，我们开始大量地出汗，就会有人出现头晕、恶心、全身无力的状况。那就要注意了，这有可能是大量出汗引起的电解质紊乱症状。汗液的主要成分是水，还含有少量的钾、钠、氯、钙、镁等无机盐。而随着汗液的排出，钠离子和氯离子也从体内流失，会影响人体适时调节体液和温度等生理变化。感冒发烧时大量出汗，或者频繁腹泻，也会引起电解质紊乱。

这个时候，只是喝水解决不了问题，大量喝水反而会更加稀释血液中的**电解质**，而体内电解质不平衡就会导致衰竭的症状，出现头晕、恶心、全身无力等“水中毒”的现象。出现这些症状，最好饮用有一定含糖量，并含有钾、钠、钙、镁等无机盐的碱性饮料，及时补充电解质。这种饮料就是马途途的“能量水”法宝：运动饮料。

一般运动饮料中水分含量在 90% 左右，糖分含量低于 8%，无机盐含量为 1.6% 左右，维生素的含量为 0.2% 左右。这些成分与人体体液相似，饮用后能迅速地被身体吸收，可以及时补充因大量运动出汗所损失的水分和电解质，使体液达到平衡状态，对运动中的能量供给和运动后的体力恢复都大有好处。

运动饮料既然能给身体提供如此丰富的**电解质**，那么我们是否可以把它当成日常饮用的饮料呢？如果人体没有损失过多的电解质，饮用运动饮料就会摄入过多电解质，又需要通过水分将它们排出体外。对于一个肾脏机能正常的人来说，这不是问题；但对肾脏功能不太好的人来说就会加大肾脏的**负担**，容易造成钠等成分的滞留，引起水肿。过量的钠元素还会增加心脏的负荷，引起血压升高，因此高血压的人群也应该特别注意。两岁以下的儿童因为肾功能还未发育完善，也不能饮用运动饮料。

• 踢完球大汗淋漓的艾小豆在喝一瓶水，
多梅多拿着一瓶“可乐”站在一边有点尴尬

◆ 法宝三：隐形保护膜

户外运动，可以让我们享受大自然的阳光和空气，但也会遇到“**紫外线刺客**”，杀伤我们的皮肤。马途途的第三个法宝——“**隐形保护膜**”，其实妈妈们平常用得最多。可防晒不只是妈妈们专有的话题：要想积极地参加运动，做好户外活动的日晒防护，也是我们每一个人必须了解的运动防护知识。

皮肤防晒，主要是防止紫外线对皮肤造成的伤害。紫外线按照波长分类，可以分为短波紫外线（UVC）、中波紫外线（UVB）、长波紫外线（UVA）。其中，短波紫外线（UVC）的穿透力很弱，基本被臭氧层吸收掉了。日常防晒，主要是防止长波紫外线（UVA）和中波紫外线（UVB）对皮肤的伤害。

长波紫外线（UVA）的穿透力强，可以穿透至真皮层，我们日常所说的晒黑，就是长波紫外线（UVA）起的作用；中波紫外线（UVB）的穿透力只限于皮肤表面，容易造成晒红、脱皮，也就是医生所说的“日光灼伤”或者“日光性皮炎”。

紫外线没有温度，不会让人觉得热。譬如人们在爬山时，愈往上，紫外线也就愈强，虽然山风吹得很凉快，但紫外线已经很强烈，每爬高 1000 米，紫外线就增强 10%。

在大海上也是一样，海风让你感觉凉爽，然而在太阳照射和海面反射的双重夹击下，紫外线其实已达到极强的程度。

云层对紫外线来说几乎起不到任何隔离作用，90%的紫外线都能穿透云层，只有昏暗厚重的雨云层才能阻止部分紫外线。事实上50%的紫外线能透过阳伞，伤及人体；玻璃也如此，它只能隔离中波紫外线（UVB），而长波紫外线（UVA）会毫无阻拦地穿透玻璃，所以人们即使长时间坐在室内也会被晒黑。

日光中的紫外线产生的灼伤通常不会迅速出现症状，这就是为什么当我们毫无防晒准备在户外高高兴兴地玩一天后，夜晚来临时才会发现皮肤已经被晒伤。长夜漫漫，那种皮肤又热又红又痒又痛的滋味很不好受，只能擦一些缓解痛苦的药膏来慢慢恢复。再过几天皮肤不再发红时，大量的脱皮也会让我们非常尴尬。所以，一定不要毫无保护地长时间暴露在**阳光下**。

强烈的紫外线长时间照射皮肤，容易造成皮肤晒伤，不仅会像烧伤一样引起皮肤疼痛，使皮肤出现水泡、脱皮、红斑等皮炎症状，同时也会加速皮肤老化和色素沉淀，成年人的皮肤还会加速出现皱纹、老年斑等，最可怕的是增加患皮肤癌和黑色素瘤的风险。所以，**日常防晒**很重要，尤其是要进行户外运动或者活动时，防晒是必不可少的保护措施。

“啊？原来不是只有女孩子需要擦防晒霜啊！”艾小豆看看自己一个夏天晒成黑棕色的手臂，而且已经脱过几次皮了，尤其是脖子后面脱皮，那个滋味确实不好受，看来真的要去跟妈妈讨一些防晒霜用了。

首先，硬防晒的工作要做足，即穿戴各种防晒的衣物和使用防晒用具，减少阳光直接照射皮肤表面的机会。运动时最常见的防晒装备是防晒衣（又叫皮肤衣）、防晒帽、太阳镜，以及运动场边的防晒伞，这些装备尽量要有。一些长时间的**户外运动项目**，如远足、钓鱼、帆船和高尔夫，还要有防晒的面罩、围巾、冰袖和手套等用具，目的都是尽最大可能将皮肤遮盖起来。

肖思思戴着遮阳帽和面罩在足球场边看比赛

其次，对大多数运动玩耍的人来说，硬防护太碍事了。这时就需要用到“**隐形保护膜**”——防晒霜来进行软防晒，没有重量、没有形状、防晒效果一样响当当！

那些裸露在外面的皮肤，要涂抹防晒霜，这叫软防晒。像户外游泳、足球、沙滩排球、街头篮球等项目，不可能穿戴过多的防晒衣物，就需要多涂抹防晒霜、防晒油或喷防晒喷雾，来避免皮肤受到**紫外线**的伤害。

怎样选择合适的防晒护肤品呢？可以根据护肤品包装说明中的 SPF（防晒系数）或者 PA（防晒倍数）来判断它的防晒功效。SPF 值是评定产品对中波紫外线（UVB）的防护效果，PA 值反映的是产品对长波紫外线（UVA）的防御效果。

同学们看着马途途收集的一大堆膏啊、霜啊、油啊，简直比妈妈梳妆台上的瓶子还要多。“你们可以各种都试试，仔细研究一下上面的说明书，是否有看不懂的字样？”马达老师笑眯眯地看着同学们，尤其是男生们更是十分好奇、跃跃欲试。

“哎哎，班长、班长，你看这些瓶子上写的 SPF，是不是说‘伤—皮—肤’啊！”艾小豆拉着长腔，又开始显摆他的“机灵”了。

肖班长仰望天花板装没听见，根本不想理他，真的好幼稚啊！

马途途一听到“SPF”，像得到指令了一样，马上又开始了它新一篇的“演讲”。

SPF 是什么意思？SPF（Sun Protection Factor）代表着防晒系数，是对中波紫外线（UVB）的防晒效果的衡量。它的数值的意思是，在按标准使用防晒霜与不使用防晒霜的两种情况下进行比较，中波紫外线（UVB）使皮肤变红需要时长的比例。打个比方，如果不使用防晒霜，中波紫外线（UVB）1 分钟可以把皮肤晒红，那么按标准涂抹 SPF30 的防晒霜，则中波紫外线（UVB）需要 30 分钟才能晒红皮肤。

还有一些防晒用品上，用 PA 的字样来表示防晒能力，表示的是对 UVA 的**防护能力**。从 PA+，PA 后面跟着一个加号，到 PA+++，PA 后面跟着三个加号，表明对 UVA 的防护效果由低到高。

总之，简单地说，**SPF 是表示防止晒伤功能，PA 是表示防止晒黑功能。**后面跟的数字越大，加号越多，防护的效果越好。

如果在户外进行一般性运动，可以选择 SPF25 到 SPF35、PA++ 的防晒护肤品；如果到海边游泳，就要选 SPF35 到 SPF50、PA+++ 的防晒护肤品；长时间在户外，就要选择 SPF50 或者以上的防晒霜。出汗多、游泳等场景，还需要防水性能好的防晒霜。

日常多吃富含维生素 C 和胡萝卜素（在体内可转化为维生素 A）的食物，也可以提高皮肤对紫外线的防御。比如番石榴、猕猴桃、草莓、西红柿或柑橘类等，都含有大量的维生素 C；红色和黄色的蔬菜、水果及深绿色叶菜，如胡萝卜、杧果、西红柿、木瓜、空心菜等，都含有大量胡萝卜素，有助于抗氧化，增强皮肤抵抗力。

第 6 节　特殊情况的特殊处理

“还有一些情况，大家可能会在体育课上遇到，一定要及时告知老师，自己更要学会处理，以免导致对身体的更大伤害。”马达老师认真提醒大家。马途途不再显摆它的法宝们了，大家都静静地听着马达老师讲解有哪些“特殊情况”。

◆ 摔倒扭伤了怎么办

运动时一不小心，难免会摔倒、碰撞或**扭伤关节**。

别光忙着龇牙咧嘴，一定要及时在现场采取一些急救措施，可以减少很多后期治疗的时间和痛苦。如果是简单的皮肤外伤，那么记得及时清洁伤口、杀菌、止血。如果是肌肉或关节扭伤，如崴了脚踝、戳了手指或者撞了额头，在未能找到医生进行专业处理之前，就一定要记得马上做这三件事：**冰敷、加压和抬高**，以防止皮下过度出血和水肿，影响后期的治疗和恢复。

马达老师走到一台小冰柜前，拿出了一个冰袋。“体育器材室里竟然还有冰柜，我以为老师拿出来了一包冷冻水饺呢。”多梅多感觉又快下课到午餐时间了，他的饥饿生物钟一贯很准时。

第一件要做的事情是冰敷。冰敷是处理扭伤最有效的急救措施之一，可以让血管收缩，减慢血液循环，减少皮下出血，抑制水肿和炎性反应，还可以有效止痛。学校医务室或体育老师的**冰箱里**，常备冰袋，就是为了及时处理同学们的碰撞和扭伤。我们在家里的冰箱里也可以放几个冰袋，或者存放几支冰棍。如果是在路边，就去杂货店买瓶冰镇饮料或者冰棒，也可以马上用来**冰敷扭伤部位**。

冰敷时不要让冰块直接贴在皮肤上，可以用衣服或毛巾包裹。冰敷时间每次在 15～20 分钟，别冻伤皮肤。下一次冰敷至少和上次间隔半小时，让皮肤和肌肉恢复温暖状态，防止长时间冰敷引发冻伤。

冰敷的时机越早越好，最好是在扭伤的 24 小时之内，可以连续进行。扭伤时间超过 24 小时，可能冰敷就不会有太大作用了。24 小时以上的扭伤和肿痛，就要按照医生的治疗意见进行更多的药物或者物理治疗。

第二件要做的事情就是**加压**，对扭伤的关节或肌肉部位进行有一定压力的捆扎。扭伤后在去看医生的路上，为了避免受伤部位再次受力或者活动，我们就可以进行一定的包扎和固定。这种有一定压力的包扎，可以**减慢**血液循环，减少皮下出血和水肿，同时固定关节和肌肉，避免因受力造成进一步的**损伤和错位**。

如果只是简单的肌肉韧带挫伤，施压包扎可以帮助在恢复期的日常活动中减少痛苦，以及防止更多出血和水肿，对伤处的痊愈是很有好处的。可以用有弹性的绷带或者软性护具对扭伤部位做保护和包扎。但是注意不要包扎过紧和时间过长，以防导致局部缺血，造成肌肉坏死。包扎后，离心脏较远的那一侧皮肤没有因失血或血液回流不畅而变色或者麻木，那么这个包扎的压力是适当的。

如果现场发现关节有明显变形和错位，或者疼痛感剧烈，有可能已经发生骨折、韧带断裂或其他严重损伤情况，就不要再自行尝试加压和包扎，而要保持原有的姿势不动，立刻寻求专业医护人员的帮助和治疗。

第三件我们可以马上做的事情是抬高损伤部位。尤其下肢或手肘以下的部位，在冰敷和包扎后，尽量保持抬高的姿势，也是为了减缓重力作用下血液和体液的渗出，减少损伤部位的**水肿和血肿**，便于后期进一步的治疗和恢复。如果下肢受伤，可以坐立时将腿和脚平放在另一张椅子上，不要长时间下垂，防止体液淤积。如果是手或小臂扭伤，可以试着将小臂用绷带吊挂在胸前，这样也可以帮助体液更好地回流。

“如果早点知道这些就好了。”多梅多心里想。二年级时多梅多上学路上在马路牙子上不小心滑倒，扭到了脚踝，他还坚持走到了学校，忍着痛在教室里坐了一上午，结果中午下课后脚踝就肿得像个大馒头，后面连鞋子也穿不上了。足足花了一个多月时间瘀血和水肿才慢慢消退。那时如果及时冰敷、包扎和抬高腿和脚，至少不会过度肿胀，再加上医生的治疗，就可以大幅缩短恢复时间。

如果运动中出现损伤，那么及时救治可以帮助缩短康复的时间，**伤病痊愈后**也可以靠运动康复恢复身体的运动能力。不要因为怕受伤而拒绝运动，也不要担心自己的运动能力是否能够恢复。只要采取及时专业的救治和康复手段，身体的**自愈能力**十分强大。

很多专业运动员都会因为训练和比赛遭遇伤病，例如，NBA 球员保罗·乔治 2014 年在训练中遭遇令人不忍直视的 90 度腿骨骨折，大家都以为他的运动生涯就此结束，但是经过大半年的治疗和康复，保罗很快重返赛场，继续担当勇猛的前锋，至今仍活跃在 NBA 的篮球赛场上。

遇到身体损伤，我们要相信身体的愈合更新能力，不放弃自己，在专业教练和医生的帮助下，身体的强大力量会让我们克服伤痛而痊愈，重新回到**自由运动**的状态。

多梅多坐在椅子上把一条腿搭在小板凳上，脚踝敷着冰袋在吃冰棍，马途途头顶着两个冰袋在一旁待命

◆ 遇到生理期怎么办

在 10 岁到 20 岁这个年龄段，我们会经历人体发育的最后阶段，身体各部分逐步发育成熟完善。这段时间通常被称作**青春期**。

青春期的生理特征主要是身高、体重、胸围等形态方面都快速成长，神经系统、骨骼肌肉、内分泌系统等身体机能有显著提高，身体素质在速度、耐力、灵敏度等方面都会变化很大。更为突出的是各种激素的相继增加，使性器官迅速发育、性功能迅速完善，从不具有生育能力逐步走向性成熟。因此这个年龄段多进行体力劳动和体育锻炼，可以更好地促进**身体发育**和**机能完善**。

这个年龄段的女生生殖系统开始发育，逐步为成年后当妈妈做准备。因为女生们的身体未来要承担非常重要而光荣的任务，所以从现在开始，就要学会做好身体在生理期等特殊时段的建设和保护。

什么是**生理期**呢？它是发育中的子宫每月需要经历的翻新扩建时间，大约一周。子宫是未来胎儿要居住的房子，为了变得更大更舒适，从青春期开始，便启动了它每月一次的“**内部装修**”工程。由于卵巢逐步发育成熟，卵巢每个月会向子宫定期排出卵细胞，子宫内膜受它的影响也发生相应的周期性变化。

雌激素先会使子宫内膜增厚，伴随着卵巢排卵，在雌激素和孕激素的共同作用下，子宫内膜发生水肿，内膜厚度由 1 毫米增到 6 毫米，等待卵细胞的到来；在排卵后 14 天左右，雌激素和孕激素停止分泌，此时子宫内膜中的血管收缩、内膜坏死，于是“旧墙皮”开始脱落，在子宫里引起出血。

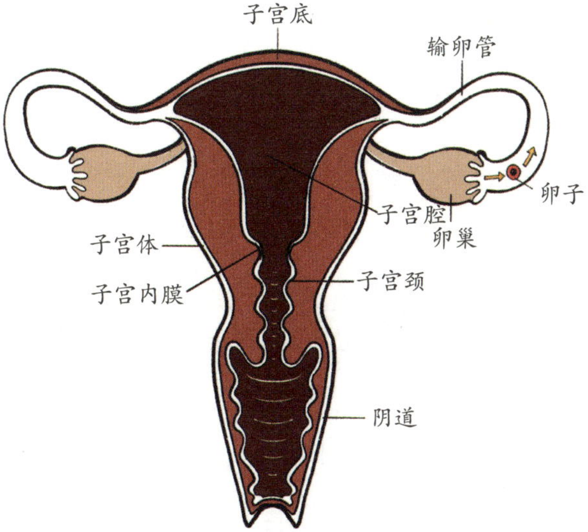

子宫和卵巢排卵示意图

从子宫内膜脱落出血，到子宫壁复原停止出血，这段时间一般 3 到 7 天不等，俗称“**月经**”，也是我们女生通常所说的**生理期**。

女生生理期的时候，由于子宫在进行“装修重建”，时常会出现隐隐腹痛或下坠的感觉。如果经血流出不畅，还会引发较大的疼痛。每到生理期，女生们要经历疲倦、烦躁和疼痛等生理和心理的变化，对于她们可以说是一次身心挑战和锻炼。那么这段时间是否还能够进行体育运动呢？

女生生理期期间，进行适当的体育运动和身体活动，其实是可以促进子宫“墙皮”脱落和经血顺畅排出的。但是运动以慢速、舒展和低强度为主，如坐位体前屈、散步、慢跑、瑜伽、广播体操等，这些运动既有助于放松和平衡神经系统，也利于**血液循环**，帮助腹肌和骨盆肌收缩及放松，从而顺畅排出经血，对痛经和头痛等症状都会起到一些缓解作用。这段时间完全静态是没有必要的。

女生生理期期间，以下几类运动要尽量避免。如果体育课上有相关内容，记得要告诉老师你的身体状况，请老师帮助选择适合你做的其他项目。

（1）练习爆发力的项目，如果强度过大或剧烈运动，会引发更多的出血，如高抬腿跑、开合跳、跳绳、蛙跳、短跑冲刺等。

（2）练习腹肌的项目，会给腹腔带来压力，导致子宫位置改变，引发疼痛和出血，如仰卧起坐、俯卧撑、平板支撑以及各种卷腹的动作等。

（3）练习倒立的项目，容易引发经血流动方向改变，给子宫内部带来细菌隐患，如各种倒立、下腰、翻跟斗等动作。

（4）水中的各种项目，容易引起子宫内的伤口被水中的细菌感染，水温过低也会加剧生理疼痛，这个时候要避免进行游泳、跳水和其他水中运动项目。

女生们听得很认真，既有些不好意思，但也为受到重视而觉得很自豪。男生们听得似懂非懂，但是因为看到马达老师对这件事的重视，而不由得开始羡慕起女生们的特殊待遇。

第3章

运动体检的答疑

操场上的热身开始啦！

马达老师说这节课要先看一下大家运动能力的基本情况，做个“运动体检”。多梅多感觉大事不妙，对这“二马”刚刚建立的好感就被残酷的现实粉碎了。

“马老师，我、我、我不行啦。”刚刚跑了一圈，多梅多就已经气喘吁吁，跟不上队伍了。第二圈还没过半，多梅多就改成健步行了。带队的马达老师回过头来看了他一眼，大声回复道：“好的，继续步行，调整呼吸，坚持走到终点集合。”

绕着操场跑完两圈，马达老师在终点让大家原地踏步放松。除了多梅多，还有几个同学也没能坚持下来，改为步行走到终点跟大伙儿会合。

“我喘不过气来了……”

“我心脏怦怦直跳！”

“我的腿越来越沉，抬不动了……”

“我的脚踝好像扭了……”

“老师，我天生就不适合运动，每次一跑步就肚子痛啊。”高大梁一脸痛苦，估计很快又要从口袋里掏出他爸妈写的体育课请假条了。

马达老师站在跑道上，认真地听大家说话。马途途呆呆地站在一边，似乎对大家伙儿的“痛苦”不以为然。

“我们已经知道了身体需要靠运动来促进生长，每个人天生都需要运动。但是似乎我们班的大部分同学觉得自己并不擅长运动，因为每次参加体育锻炼时总有这样或那样的身体状况出现：喘不过气来、心脏狂跳、膝盖疼痛等。其实，这些都是正常的反应，是身体给我们发出的信号和反馈。”马达老师很有耐心地说。

“我们的身体是世界上设计最为精巧、运转最为高效的机器，即使是当今最顶尖的科学家，也无法完全复制人体的复杂精妙之处。每个人都拥有一架这样无与伦比的机器，我们需要正确了解和使用它，让它不仅运转良好，还要延长使用寿命。

“这些‘痛苦’的信号产生，是身体给我们的反馈和提醒，说明我们需要了解它的运转能力，进行正确的操作。日常生活中如果经常无意识地错误操作，有时甚至会损坏自己的身体，带来疾病。

“但是，如果我们通过停止运动来回应，那并没有真正地理解身体传递给我们大脑的信息。就像机器一样，身体也是‘用进废退’的。不要怕跟身体对话，我和马途途可以提供解答和帮助。这样我们才能真正爱护身体，并发挥它的潜力和作用。”

同学们似懂非懂地听着马达老师的一席话，竟不知道如何提问。

“在接下来的运动体检中，你们或许会出现这样和那样的情况，请尽管提问。我们要学习的是：在运动中倾听身体信号，改进我们的身体使用方法，然后才可以更好地坚持下去。”

马途途一听到“身体信号”，闷声闷气地回应道：“身体问题，我来答疑。”

马途途跑在一队气喘吁吁的小同学前面

第 7 节　体质是遗传的吗

体质是天生的吗？

古人云“**身体发肤，受之父母**”，很多人就认为身体素质是由父母家族遗传决定的，在自己体力不支或者不爱运动时，就会说：“这能怪我吗，我爸妈又不是运动员！”

即使有同一个运动员父亲，篮球明星科比也与他的同胞姐妹走上完全不同的人生道路。“你见过凌晨四点的洛杉矶吗？”科比被众人所推崇的并不是他的天赋，而是他自身**坚持不懈**的努力和奋斗，是他在运动生涯中严格刻苦地训练和拼搏。

就拿跑步来说吧，人类的身体虽然在某些单项上比不过动物，但仍然是目前为止地球上最精密高效的生物体，并且科学家已经证明，没有任何动物比我们更适合长时间的耐力运动。

顶级学术杂志 *Nature*（《自然》）曾刊登过一篇论文，研究耐力跑与人类进化的关系，文章认为人类的身体结构就像是专为长跑打造的一样。200 万年前，早期人类就进化出了适合长距离跑动的长腿、长跟腱、相对其他动物很短的脚趾、发达的臀部肌肉等，这些特征对步行而言没有太大必要，却十分适合长距离跑动。

人类还有着比其他动物强大很多的散热系统。人类全身布满汗腺，只要水分足够，就能在长时间运动中体温保持恒定。而大部分哺乳动物缺乏汗腺，只能像狗一样通过呼吸道排出热量，以及在高速奔跑中让空气流动带走一部分热量。这样的散热机制十分低效，在跑动中动物的体温会快速上升，高温影响体内酶的活性，进而让跑动无法持久。

为什么马能成为古代重要的交通代步工具呢？因为它的体表会出汗，可以及时帮助身体散热，所以才能长时间进行奔跑。**脚趾短、肌腱粗、体表出汗散热快等身体结构特点，使得人类与马匹有着不相上下的长跑成绩。**原始人群就是用这种长时间的追逐，使得猎物体力耗尽，最终倒在人类简陋的捕猎工具下。

所以，人类虽然在短跑上无法比过大多数奔跑的动物，但在耐力长跑上能跑过人类的动物也没有几个，即使是鸵鸟、袋鼠和羚羊这些众所周知的动物跑步健将，也无法与人类的长距离跑步能力抗衡。

● 高大梁与鸵鸟、羚羊、袋鼠、狗、马途途一起站在马拉松比赛起跑拱门下

“所以，如果按照先天遗传的特点，我们今天在操场上应该跑上个十圈八圈的，并且我们的爸爸妈妈也应该是个长跑好手。那么，究竟为什么我们有着不同的体质和体力呢？”马达老师静静地看着大家，目光扫过了高大梁和多梅多。

高大梁张了张嘴，啥也没说出来。

多梅多心虚地低下了头，他心里暗想：“看来再也不能赖妈妈吃了太多西红柿了……”

我们通常说的体质，按照严谨的医学定义，是指“人体在先天的遗传性与后天获得性基础上表现出来的形态结构、生理功能、心理因素、身体素质和运动能力等方面综合的、相对稳定的特征”。

什么意思呢？也就是说，体质其实是“爸妈”和“自己”共同决定的：**身体的特征不仅是靠爸妈先天遗传，还有我们自己后天行为和运动形成的素质和能力。**

那么，哪些因素决定了我们各不相同的体质呢？除了遗传缺陷的情况，人类幼崽出生时身体基本构造和身体机能是相同的，所以体质和能力还是差不多的。

在成长的过程中，最初阶段**年龄**是最主要的差异因素。对于 1 岁以内的小宝宝，身体素质甚至因为月份不同而差别很大；之后随着年龄增长，生长发育速度逐渐缓慢稳定，同一年龄段里身体素质趋于相近。因此，在各种衡量体质的标准里，都会以年龄为主要依据，不同年龄的人之间的**体质差异**通常是不会放在一起比较的。

比如，一个 8 岁学生的肺活量与一个 15 岁学生的肺活量有很大不同，但这种差异无法说明谁的体质更好。因此在比较体质状况时，通常都是在同一个年龄段进行比较，才能知道谁的体质更好，谁的体质较弱。

除年龄外，性别、运动、饮食、外部环境和内在情绪，通常是让身体素质出现差别的几个主要因素。男生和女生在 6 岁之前发育速度相差不大。进入小学，男生和女生的**生长速度**和**运动能力**开始出现明显的差别。因此男女生的体质标准也根据性别，分别设定了不同的数值来衡量。

同时，每个人家里的饮食习惯不同，每天热量摄入和运动锻炼的消耗不同，各家的生活习惯和生活环境对人的要求也不同，我们的体形和体态因为这些开始变得各不一样。在同一年龄性别条件下，**超重、肥胖、营养不良、心肺功能弱和力量不足等身体状况问题，大部分跟运动、饮食、环境和情绪等后天的行为习惯有关。**

我们国家有一套专门用来监测学生体质健康的标准，可以对照你的运动体检结果，看看是否有落后的指标。如果你的身体素质与同龄人相比有明显的落后，就要及时跟爸爸妈妈一起找找原因，看看自己和家人还可以共同做出哪些改变。

体质随时都可以被改变，只要我们肯付诸行动。科学的体育锻炼可以帮我们发掘潜力、重塑身心。国家男子乒乓球队队长马龙从小体弱多病，于是父母决定送他去学习乒乓球来锻炼身体。结果不服输的马龙通过十几年的拼搏和奋战，最终从“**豆芽菜**”成长为体质和技术全能型运动员，是世界乒坛人人称道的“**六边形战士**”。

“所以，要先改变我和爸爸妈妈的认识，我才有可能跑得动，是吗？”高大梁若有所思地说。

马达老师点点头：“是的，至少你自己要认识到，你天生是适合运动的。这是行动和改变的第一步。”

高大梁脑子不够用了：我天生适合运动？从小到大，没有一个体育老师这样告诉过他，马达老师真是彻底刷新了他的认知。

◆ 马途途的小词典：体质

体质一般来说就是身体的特征，主要包括**五方面**。

一是身体形态。它是指体形、姿势、营养状况和身体成分等，如身高、体重、腰围、体脂比率等体貌体态特征。

二是生理功能。它是指身体新陈代谢水平和各器官系统的工作效能，如心肺功能、消化能力、激素分泌水平等。

三是身体素质和运动能力。它是指速度、力量、弹跳、灵敏、协调、柔韧、耐力等素质，以及走、跑、跳、投、攀、爬、负重等身体活动能力。

四是心理素质。它是指人体本体感知能力、个性特征、意志品质等，如身体的自我觉知、意识、性格特点、意志力、品德等。

五是对内外环境的适应能力。它是指对不利因素和环境变化影响的应对调节能力和对各种疾病的抵抗能力，如面对自然灾害和意外事件的反应调节能力，对流感季节的抵抗能力等。

我们所有的体质特征都是可以发展和改变的。先天遗传是基础，后天运动锻炼是关键。通过科学合理的锻炼和运动，身体和心理的状态都可以得到提升和改善；如果后天的运动和锻炼没有跟上，即使先天条件再好，身体素质和各项能力也会逐步下降，影响学习和生活。

第8节　这就是心跳的感觉

下课后玩一次兴奋而急促的抓人游戏，或者来一次1000米的冬季长跑，都会有同学说：“不行啦，我的心脏要跳出来了！”哈哈，你可能是太激动了，或者你的心脏太忙碌了！

我们开始运动时，最先能感受到的身体变化，就是心跳和呼吸。我们的心脏每天几乎不知疲倦，时时刻刻地不停收缩，把含有氧气和营养物质的血液泵送到身体各处。**我们身体里的血液一般占体重的7%~8%，有4000~5000毫升，也就是4~5立方米的体积**。心脏每跳一次，就泵送约 70 毫升的血液，每分钟会泵出约 5000 毫升的血液，工作量还是非常大的。

日常生活中，我们一般感受不到自己的心跳。运动时，身体各处对氧气的需求量加大，心脏泵血也要随之加快，这时对心跳的感觉就会越来越明显。如果运动强度过大，氧气需求量超出心脏泵血的能力，心脏只能不停地加快速度，甚至到了“快跳出嗓子眼儿”的地步，那么这个信号说明：运动强度超出了心脏的承受范围，现在需要减小运动强度，同时未来也需要提升心脏的泵血能力。

“那是不是就可以停下来别运动了？”多梅多问道。

“通常不建议马上停止运动，”马达老师说，“可以减缓运动强度，就像刚才那样可以放慢跑步的脚步；但不能马上坐下来或者躺倒，那样反而可能导致大脑缺血、头晕恶心，甚至昏倒在地。结合肺部的呼吸问题，我后面会给大家详细讲解为什么会有这种情况发生。”

如何**有效缓解**运动时的心脏压力呢？对大家来说，平日多进行中低强度的有氧运动会帮助心脏功能逐步提升。一般在运动过程中出现气喘吁吁和出汗，但还能够说出话来，这种强度对我们的身体来说就是中等强度的运动。过量的高强度运动会带给心脏过度的工作压力，导致心肌出现自身**供血不足**等情况，这会损害心脏的健康。

更精确的方法，是通过运动心率来衡量是否达到需要的运动强度。只有运动心率达到一定程度时才能起到锻炼和强健心肌的作用。国际上常用的计算运动心率的办法是：（220－年龄）×（0.6～0.8），这个范围的心率是正常的运动心率，心跳次数如果超出上限可能说明运动强度对你的身体来说过大，低于下限则运动量没有对身体起到有效的锻炼作用。

我们每个人的心脏和身体强弱程度有所不同，同等运动量的情况下，身体的反应不尽一致。例如，在跟同学一起跑步的途中，如果你的心跳已经达到自己运动心率的上限，其实此时已经起到了锻炼的作用，不要简单只靠跑步速度来判断是否应该提速或者加量。

在已经达到**运动心率**上限的情况下，加大运动量是对心血管系统提出的“不合理”要求，容易导致心脏过于疲劳甚至心肌缺血，从而引发头晕、胸闷、心悸甚至更严重的后果。

因此，运动时了解自己是否达到或超出运动负荷，测试心跳是最简单的办法，可以采用佩戴心率带或有心率计量功能的腕表来监控心率。我们上学期间，如果没有条件佩戴专业设备，那么最简单的办法是在运动过程中或者运动一结束马上用手摸颈部的颈动脉，用我们的手表计时10秒钟，测得的心率再乘以6，即可得到此时每分钟的心跳。比照一下你的运动心率范围，那么这次锻炼是否达到了有效的运动强度，或超出了心脏承受能力，就可以看出来了。

有的同学在跑完长跑时，喊着“**难受**”，这种难受到底是运动带给心肺的正常锻炼压力，还是心肺功能超负荷而出现的缺氧病症，我们自己**要学会第一时间分析和捕捉身体信号**，而不至于过度惊慌或者延误救治。

“好，现在大家可以根据我提供的公式，算一下自己的运动心率范围是多少。”

没想到，体育课上还有口算题考试。大家赤手空拳，只能靠嘴里念念有词，有些走神的同学还要抓住别人再问一遍计算公式是什么。

马途途在大家面前来回走动，头顶小灯闪亮，胸前屏幕上公式写得明明白白：运动心率 =（220- 年龄）×（0.6~0.8），像是给大家看的提词器。

“我知道啦，我的运动心率范围是126次到168次。”学习委员第一次在体育课上抢到第一名。高大梁小脸红扑扑的，早就忘记了跑步肚子痛的事了。

● 多梅多用马途途胸前触摸屏的数字键在计算运动心率

◆ 马途途的小词典：心脏

心脏是一个肌肉组成的中空器官，扮演身体里的血液泵的角色。这个血液泵大概是人体中最无私的器官，从人一出生开始就在日夜工作。心肌是不随意肌，所以我们不用指挥心脏，它在胚胎发育期就开始不停跳动。每跳动一次，就会把血液推送到循环系统的所有血管里，保证血液与身体各部位的氧气和能量交换。

心脏的跳动是由右心房的一组叫作“**起搏点**”的细胞控制的，起搏点细胞接受身体对氧气的需求信息，然后调整心跳速度来配合血液供应。我们静坐时，心跳在每分钟 75~85 次，身体对氧气和血液的需求量远小于运动时的需求。例如，在静止时全身的骨骼肌大约每分钟需要 1200 毫升血液；而运动时，全身的骨骼肌大约每分钟需要 12500 毫升的血液来满足氧气和能量交换的需求，这时心脏就需要提高跳动频率来推送血液更快地抵达身体各部位。心脏肌肉可以有力地跳动收缩且结构独特，尤其是负责将血液推送到全身的左心室，它的收缩力可以将血液泵送到全身最远端的动脉，所以有一颗强有力的**心脏**是身体能量的保障。

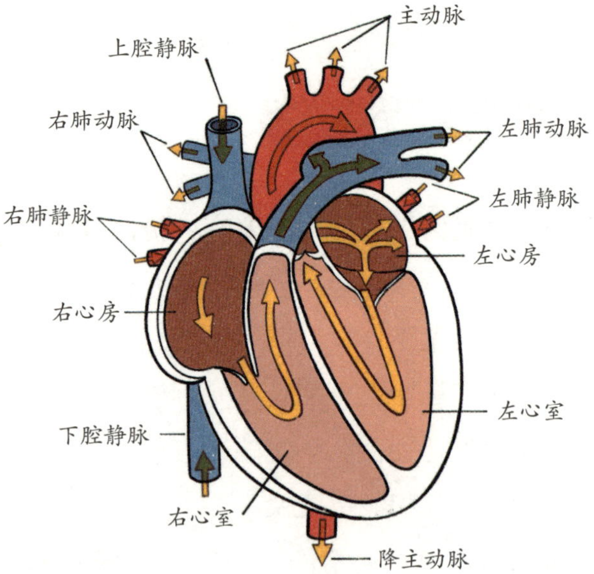

● 心脏结构和功能示意图

如果缺乏**体育锻炼**，那么心脏仅提供日常走路和静坐等轻缓动作的能量，日常生活中是不容易发现心脏功能低下的。一旦进行强度较大的运动，心脏运转能力太弱，支持不了运动所需的能量供应，就容易出现身体上的严重反应，甚至引发猝死。

虽然我们不能指挥心脏跳动和收缩，但是可以通过躯体和四肢的运动带动心脏进行锻炼，使得它根据身体其他部位的血液需求而加大工作量。心脏这个无私的**血液泵**，为满足骨骼肌和其他脏器在运动时的能量需求，就会加大收缩力度和频率，用力工作，积极地参与身体运动的过程。这期间，心率达到运动心率范围时，运动就能起到锻炼和强健心肌的作用。

经过长期循序渐进的运动锻炼，我们的心脏肌肉会逐渐因为主动增加跳动而变得强壮，可以承受的运动强度也会慢慢提升，日常非运动时间的心跳次数会逐步减少，很多运动员的静坐心跳可以低到每分钟 50～60 次，说明心脏的泵血能力已经非常强大。

第9节 肺有多能装

跑步后，我们张大嘴不停喘气，是因为我们的肺里废气太多了，还是氧气太少不够用了呢？肺就像一个不停工作的大风箱，它是如何把**氧气**带给身体各部分的呢？

自我们呱呱落地那一刻起，身体每时每刻都在通过呼吸系统与周围的空气进行气体交换。呼吸系统将氧气带入肺部，氧气在肺泡里被毛细血管里的血红蛋白捕捉，通过血液运送到身体各处的细胞中，与葡萄糖发生反应，为细胞提供能量，以保证身体各处的正常运转。

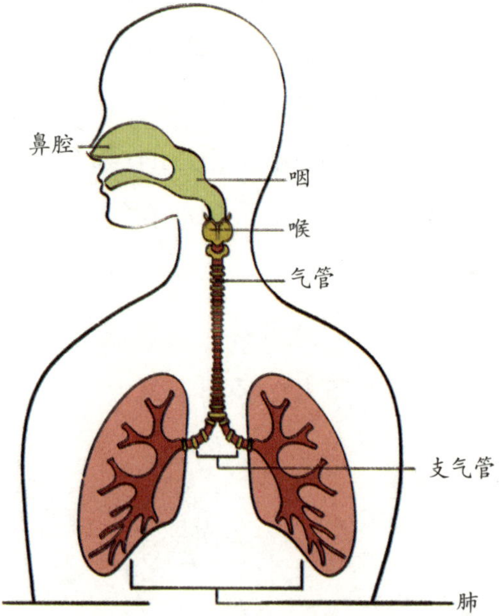

● 呼吸系统示意图

心肺功能是身体机能的一个重

要组成部分，既包括血液的循环速度和心脏跳动的强弱，也包括肺部的容量及呼吸次数等，这些都显示了我们身体生命能量的供应水平。

一个不经常运动的同学，在跑步时会感到头晕、呼吸急促，甚至跌倒。这种情况通常是因为有限的心肺功能不足以为身体运动提供及时的**气体交换**和**能量补给**，因此导致血液含氧量不足、大脑供血不够，甚至是心肌缺血和缺氧。如果用一台手机来比喻我们的身体，那就是软件功能运行过多，而手机中央处理器（CPU）内存不够，很容易出现卡顿或死机，甚至一些正常功能也不能得以运行。

如果运动时你感觉到呼吸困难，那么这个信号意味着除了心脏功能可能较弱，也有可能是肺部存在以下几种情况。

（1）肺部肌肉力量不够持久。呼吸频率的增加使得肺部肌肉和横膈膜疲劳，无法快速收缩和扩张。

（2）肺内氧气交换的能力不够。运动时需要的氧气量加大，但肺部的通气和换气能力有限，造成呼吸急促且氧气摄入不足。

（3）气管痉挛。支气管等气管结构受到大量空气快速进入体内的刺激而产生痉挛，形成哮喘，无法正常呼吸。

不少同学还会在跑步后感到“嗓子疼，有血腥味”，那是因为用嘴帮忙大量呼气、吸气，导致咽喉部位的肌肉和黏膜遭到冷空气多次快速摩擦而充血，并非真的跑到“吐血”。遇到这种情况的同学，后面跑步时可以试一下“鼻吸口呼”的方法，减少冷空气对黏膜的刺激。

还有一些同学在跑步后会出现**呕吐**，多数情况下是因为跑前距离进食时间不久，或者身体缺氧导致胃部产生痉挛而引发呕吐。

前面我们讲过，即使感觉很疲劳，刚跑完步后也不能马上躺下或坐下不起。原因在于跑步时身体内部会发生一系列快速变化，如心跳加速，呼吸加快，肌肉毛细血管扩张，血液流动加快等。四肢的肌肉会有节奏地收缩来挤压小静脉，使血液迅速回流回心脏，以满足加快血液循环的需求。

如果刚跑完步骤然停下来休息，四肢肌肉的节律性收缩停止，原先流进肌肉的大量血液就不能通过肌肉收缩回流到心脏，反而会造成心脏血流量降低，从而出现脑部暂时性缺氧导致的心慌气短、头晕眼花、面色苍白等情况，严重的甚至会休克昏倒。

因此在跑完步之后，一定要保持直立行走，使身体节奏慢慢舒缓下来，给心肺器官和血液循环系统一定的缓冲时间，内脏器官需要在跑步停止一段时间后才能恢复正常状态。

绝大多数情况下，呼吸困难的信号是在提醒你肺部功能需要锻炼，通过马上降低运动量和运动强度可以暂时缓解呼吸困难。如果想长久地改善提升心肺功能，那么日常还是要多进行节奏规律的有氧运动，如快步走、游泳、健身操等，逐步提高呼吸系统和身体各部分交换氧气的能力，减少呼吸困难的情况发生。如果是哮喘或持续性的呼吸困难，则应该前往医院做一个详尽的肺功能检测，并寻求医生的指导。

肖思思带着大家一起跳健身操

“明白了。”多梅多想到自己刚才跑累时恨不得一屁股坐在草坪上休息，才明白为什么马老师让他继续

步行，坚持走到终点。原来，身体需要的并不是马上躺平，那样既不能消除疲劳，还会给心脏带来大麻烦。

◆ 马途途的小词典：肺活量

肺能够吸收大量氧气，是因为捕捉氧气的肺泡有着巨大的表面积。**一个成年人的肺里有 3 亿个肺泡，所有肺泡的表面积之和可以高达 100 平方米。**肺活量是人最大吸气后再尽力呼气所能呼出的气体量，也被看作肺部的最大容量，用这个指标来监测我们的心肺功能，是最简单、方便和直观的方法。

青春期时肺活量一般都可以达到 2000～2500 毫升，成年人的肺活量可以达到 2500～4000 毫升。对于肺活量的监测，通常要用专用仪器，七年级生物课本里也有介绍用气球来进行肺活量的计算，如果感兴趣可以在家给自己和家人都测试计算一下。

肺部吸入呼出气体是胸廓**扩张和收缩**的结果。胸廓的扩张和收缩与肋间肌、膈肌的运动有关。这两组肌肉如果经常进行锻炼，有力地收缩和扩张，则有利于肺活量的提高。经常唱歌、吹奏乐器或者进行跑步、游泳等运动，都会持续锻炼肺部的收缩和扩张。

同时，肺活量与血液中的氧气含量也是有直接关系的。新冠疫情期间，很多家庭采用血氧仪来监控病人的血氧饱和度。许多肺部感染的病人，肺部气体交换能力减弱，血氧饱和度下降，严重的会有生命危险。

正常人体动脉血的血氧饱和度为 98%，静脉血为 75%。常用的指尖血氧仪，是监测人体的动脉血含氧量，它是反映机体内氧状况的重要指标。动脉血血氧饱和度正常值最好不低于 94%，在 94% 以下被视为供氧不足。如果持续出现低于 94% 的血氧检测结果，就要尽快寻求医生的专业帮助。

血液里的氧气含量充沛，可以保证我们能够长时间专注学习而不容易打瞌睡。在日常生活中多注意观察自己和家人的呼吸状况，及时提醒家人进行运动锻炼，以提高肺活量和血氧含量，对疾病和疫情的抵抗能力也会增强。

● 马途途和多梅多在比赛吹气球

第 10 节　奔跑吧，膝盖

我们的骨骼材质十分坚固但又重量很轻，只占身体体重的 20% 左右，却比同等重量的任何一种树干都要坚硬耐用。骨细胞不断地生长，即使身体停止发育了，在受到压力或者损坏时，骨细胞还是会生成新的骨组织，帮助骨骼承担支撑和保护身体的作用。

在成长发育阶段，保持骨骼的健康，通常包括“吃”和“练”两方面：一是要保持良好的饮食习惯。多吃富含钙和磷的食物，如牛奶、肉类和谷物，给骨骼生长提供充足的营养。二是坚持长期锻炼。**骨细胞是典型的“愈战愈勇”的战斗细胞，适当的负重和压力，反而会促进骨细胞生长，强健关节韧带，使得骨骼充分发育，关节变得既灵活又牢固。**

我们在运动时，无论是跳绳、打篮球，还是跑步和玩滑板，都是一个对抗重力的过程，骨骼承受的压力就是我们的体重和地面的反作用力。我们每天如能垂直跳跃运动 100～200 次，脊柱和腿骨为承受身体的重量会不断形成新的骨细胞，使这些骨的生长加快，并且更加坚固，从而可以有助于我们长高。

了解运动与骨骼的这个关系，在青少年成长时期对身高发育非常重要；成年之后，运动仍能促使新的骨细胞生长出来，对于对抗骨质疏松也有很大帮助。

对于我们这些未成年人，由于骨骼还在发育过程中，运动时自身的体重即是对骨骼的最好压力，不必再借助更多的器械或器材来增加负重。日常锻炼时，除了运动项目需要的专业器具，如球拍、球棒、自行车等，最提倡的是进行徒手锻炼。借助不同的体式和运动锻炼，给骨细胞提供充分的成长机会，让骨骼长得坚固而端正，是最好的身体增高**塑形术**。

很多同学因为长期久坐伏案，而导致肩关节、髋关节

艾小豆双脚跳绳，马途途和多梅多在一旁帮着计数

等主要关节灵活性差，脊柱发生侧弯或曲度改变，严重时还会产生肩颈问题和坐骨神经问题。这些关节病症在以前可都是老年人才会出现的问题。如果现在有这些症状，就还可以通过运动**锻炼**及时矫正，而不要等到成年后引发更多关节和肌肉的劳损和疼痛，否则治疗成本也会大大提高。

“疼痛是一种非常明显的信号，也是身体一种保护性的提醒；但是骨骼关节发出的信号除了疼痛，还有一些是需要仔细观察的。”马达老师说，“例如，脖子转动不灵活、两个肩膀一高一低、走路外八字或者内八字、肚子和骨盆向前挺出、含胸驼背，以及站立时膝盖与骨盆和脚踝侧面不在一条直线上，等等。”

同学们扭头互相打量着，试着在对方身上看看老师说的那些信号。“坏了，好像我的脚有些外八字呢。”多梅多不由自主地低头看看自己的脚，结果还是先看到了自己的肚子，真让人气不打一处来。

关节的疼痛多数情况下是因为骨骼关节缺乏有力的保护，只有少数生理原因才需要寻求专业治疗。膝关节是身体主要的承重关节之一，尤其是步行和跑步时，身体落地时地面的反作用力，都需要承重关节来承受。疼痛，就是它申请救助的信号。

如果我们运动时出现关节疼痛的问题，那么在排除意外扭伤或脱臼的情况外，多数关节的问题跟我们身体的原因有关系。可以对照自己的情况，查看以下这几方面：

（1）是否自身体重超重？过大的体重给承重的关节带来较大压力。很多超重或肥胖的同学一跑步膝盖就疼，多数情况下因为体重过大，膝关节承重过大，跑步时单脚落地的瞬间自身体重给膝关节带来过大的冲击力，造成关节慢性损伤。

建议体重大的同学练习跑步时，可以先**放低重心**，步幅变小，抬腿降低，速度变慢，减轻对脚踝和膝盖等承重关节的冲击。

（2）是否缺乏锻炼？骨骼生长期时，要给予足够的营养和锻炼来形成健壮的关节。很多同学平日缺乏锻炼，又几乎不晒太阳，影响身体对钙的**吸收**，关节缺钙而发育不良，关节周围的肌肉和韧带缺乏锻炼，没有力量，对关节的保护没有起到应有的作用，软骨组织被磨损而引起疼痛。

建议多进行户外运动，增加蛋白质和钙的补充，坚持进行相关部位肌肉力量的锻炼。

（3）是否平日的身体姿势有问题？身体姿态不端正有先天的发育原因，如扁平足；还有后天的不良用力习惯，如膝盖超伸，即膝盖在直立时习惯向后用力锁住，导致支撑体重时造成力量传导路线不对，引起膝关节受损疼痛。

先天有扁平足的孩子，容易大腿内侧肌肉习惯性过度用力来补偿足外翻，导致膝关节外翻而造成**运动疼痛**。有时这种先天不足不太容易发现，可以多查看自己的鞋底，是否内侧磨损更快呢？一旦发现肉眼可见的 X 形腿，则需要尽快寻找专业康复机构进行锻炼矫正或者使用矫正辅具，以防足部关节和膝关节未来形成更大损伤。

膝盖超伸是另一种常见的**不良体姿**，通常是由于站立时用力习惯不对，腿部习惯性站立过直，膝盖锁死，大腿前后侧肌肉力量不平衡，周围韧带松弛，膝盖参与承重过多等。通常这种情况站立时从侧面可以发现有骨盆前倾、大腿前侧肌肉粗壮、膝关节后置于髋关节和踝关节的现象。解决办法可以是**减轻体重**，加强大腿后侧肌肉和关节韧带的锻炼，调整站立姿势和用力习惯，甚至膝盖可以有 1°～2° 的微曲，减轻站立时对膝盖的压力。

无论上述哪一种情况，以放弃运动来减少疼痛都是错误的解决办法；身体发出信号，不是让我们停止运动，而是提醒我们用更好的方法。我们只是需要调整相应的运动方式和运动强度，请教专业老师和教练，找到适合自己薄弱部位的锻炼方法，让骨骼和关节强健起来。如果有必要，也可以戴上护具进行练习，如护膝、护腕、矫正鞋垫等，避免薄弱关节的损伤。

“好，集合，整队！让我们回到教室继续讨论，除了这些跑步后的身体信号，平时还有哪些身体信号你一直没有注意到。”马达老师带头走向教学楼，马途途像个忠实的小狗紧跟在队伍后面。

其他班同学羡慕地看着这支队伍，多梅多突然感觉有个体育老师当班主任还挺酷的。

• 高大的马达老师带着自己班的学生们排成一队昂首前进

◆ 马途途的小词典：骨骼关节

骨骼是身体的基本框架，从出生后骨头们一直在生长和融合。婴儿时期我们体内有 305 块骨头，成年后变成 206 块。如果身体没有骨骼的支撑和保护，我们就要像鼻涕虫一样软塌塌地趴在地上了。

这个框架依靠着骨头之间的连接结构，也就是关节来实现运动。我们身体上的大部分关节是**活动关节**，那些不能活动的关节，如头盖骨各部分的连接结构，就叫作固定关节。活动关节让骨骼和肌肉可以大幅度运动，我们的肩、肘、膝盖和髋关节等都是日常运动经常使用的主要关节。

例如，肩关节连接肩胛骨和大臂骨，肩胛骨这侧是碗状的凹面，大臂骨的顶端是球状的凸面，这个结构就像我们生活中的杵和臼，叫作球窝关节，可以允许胳膊各角度旋转。**人体最大和最稳定的球窝关节就是髋关节，主要承受身体体重和负责大腿前后大角度摆动以行走和跳跃。**

如果不小心受到外力发生错位，“杵”和“臼”分开了，就是我们俗称的“**脱臼**”。因为关节尚未发育完全，脱臼的情况通常会发生在幼儿和儿童身上。

还有一种关节平常我们用得也很多，如膝盖、肘和手指的关节，它们主要负责弯曲和伸直，与房间门的铰链开合方向一样，所以也叫铰链关节。

活动关节通常由关节面、关节囊和关节腔三部分组成。由于关节在运动中扮演了重要的角色，因此自身也有很多保护装置，如关节面通常有**软骨覆盖**，用以减少运动的时候骨头和骨头之间的摩擦；关节囊里面和外面都会有很多韧带进行连接，以加强关节的牢固；关节腔里还有一些液体，用于润滑**关节软骨**，减少骨头之间的相互摩擦带来的损伤。

骨骼这个框架的高低大小，决定了我们的身高和体形。从胎儿形成两个月起，我们的骨骼就不停地在生长，直到 20 岁左右，骨骺线闭合后，我们的身高就定型了。

中小学时期，尤其在青春期阶段，身高增长非常快，长高的主要原因是骨骼的发育。男孩平均每年可增高 7～9 厘米，最多 12 厘米。女孩平均每年可增高 5～7 厘米，最多 10 厘米。这主要靠下肢和脊柱的增长。由于女性的骨骺闭合一般比男性早，所以成年女性比男性矮。

第11节　一块腹肌的忧伤有谁懂

“马老师，我的肚子看起来圆鼓鼓的，我是不是比别人少了几块腹肌？”多梅多实在忍不住，勇敢地举手提问，开始研究自己的肚子问题，小马达当年是否也有一样的困惑呢？

我们肉眼看到的身体形状，通常是由皮肤之下的脂肪和肌肉共同塑造的。肌肉形状能清晰呈现，至少需要两个条件：较少的皮下脂肪和丰满的**肌肉组织**。

腹部是决定身体形态的一个重要部位。我们一旦发胖，首先会在腹部开始积累皮下脂肪和内脏脂肪，用手指捏起来厚厚的一层肚皮，通常就是皮下脂肪堆积的结果。国际上一些通常的做法是采用测量腰围和皮褶厚度来测量皮下脂肪含量。

另一种通用的体重评测指标是 **BMI 指数**（Body Mass Index，BMI），又叫作体重指数，是用**“体重千克数除以身高米数的平方”**得出的数字，这是国际上常用的衡量人体胖瘦程度以及是否健康的一个标准。

在学校里进行体质健康监测时，身高和体重实测数据会根据 BMI 的计算方法直接换算出这个被测同学的 BMI 值，然后用 BMI 值对应的分数来说明这个同学的身体形态是否正常。BMI 值在 18～24 之间，通常被视为体重正常。

体重是评价人体营养和健康状况的重要指标，吃和动是保持健康体重的关键。在《中国居民膳食指南》中，营养学会的专家们也会根据当前的膳食水平和结构，建议各年龄段的人群都应该坚持**天天运动**，每周至少 5 天有中等强度的运动，维持能量摄入和消耗平衡，以保持健康体重。

一个 12 岁的女生每日正常的生理活动需要 1600～2200 千卡的**热量**，一个 12 岁的男生则需要 1800～2400 千卡的**热量**。我们可以用一个简单直观的衡量办法来评估人体摄入的热量：如果一日三餐总饭量控制在 250 克米饭、250 克肉、250 克奶制品和 500 克蔬菜水果，那么这样摄入的总热量在 2000 千卡左右。这样与我们的日常活动所消耗的热量大致匹配。如果我们一天吃进去的热量远远大于这个饭量，同时还久坐不动，那么多余的能量必然转化成脂肪，储备在腹部，就会形成日渐隆起的圆肚子。

多梅多想起暑假里那些跟着爸爸一起大吃大喝的夜晚，一个喝啤酒，一个喝可乐，一起大嚼炸鸡看世界杯足球赛转播。

“老多，是你连累了我！”

有些身材健美的明星经常会展示他的“六块腹肌”“八块腹肌”来证明身体的颜值，似乎“八块腹肌”是健美的最高境界。其实，他只证明了两件事：一是腹部皮下脂肪少，他可能每天只吃白水煮青菜和鸡肉；二是腹直肌做过专门的锻炼，每天到健身房练器械。这两件事，目前还不符合青少年的生长发育需求，我们现在没有必要以此来要求自己。

多梅多和多爸面对面互相展示他们的“一块腹肌”

事实上，这“八块腹肌”其实都是腹部的**腹直肌**。腹直肌一共只有两大条，在腹部竖向排列，左右对称。每条腹直肌有四节可以鼓起来的“肌肉的肚子”——肌腹。如果经常进行腹直肌的锻炼，肌腹就会慢慢变得粗壮，皮下脂肪变薄变少时，粗壮的肌腹便可以左右对称、一共“八块”地显示出来了。

结实有力的腹部肌肉群，是身体核心肌群的重要组成部分，帮助我们保护**脊椎和内脏**，保持躯干平衡稳定、身姿挺拔。腹直肌的主要作用是帮助脊柱向前弯曲，并把骨盆拉向前方；除了“颜值担当”的腹直肌，腹部还有帮助身体弯曲和旋转的腹内斜肌和腹外斜肌，以及深层的腹横肌，来帮助咳嗽、排便，以及运动锻炼时的发力憋气。

同学们可以用一个小动作来测试一下你的核心肌肉群是否能够支持日常生活：单脚直立，身体前屈，给另一只脚穿上球鞋，并系好鞋带。在完成动作的过程中身体平衡稳定，系鞋带的脚中途不落地，那说明你的核心肌肉群有稳定的肌肉收缩能力，能够支持你身体的正常活动。

腹肌也属于**骨骼肌**，用收缩变粗产生的力量带动骨骼运动。骨骼肌可以根据大脑指令而迅速做出反应，也会在运动后容易疲劳，需要休息放松。如果我们经常进行力量锻炼，肌肉细胞会变大，而整块肌肉会增厚和变结实，肌肉纤维变粗，肌肉细胞对氧的利用能力会提高，也会消耗更多的热量，而使身体更加健美。

同学们在成长发育阶段，体态颜值来自健康范围内的BMI和经常得到平衡锻炼的骨骼肌肉。不超重，不盲目追求过低的体重和体脂比，**健康的身体**就是最美的。

肖思思和艾小豆身材匀称，BMI值优秀

◆ 马途途的小词典：骨骼肌

骨骼肌占人体肌肉的绝大部分，附着于邻近骨骼上，一般由肌腹和肌腱组成，骨骼肌收缩带动肌腱，牵拉骨骼，完成肢体活动。柔韧性不是指身体的“柔软松弛”程度，而是指我们的神经对骨骼肌的调节能力，特别是对抗肌的放松和收缩的协调能力。

骨骼肌的肌肉纤维分成两种，快肌纤维多为白色，又叫白肌；慢肌纤维多为红色，又叫**红肌**。快肌纤维有瞬间的爆发力，但是难以持久，专门用作大重量强爆发无氧运动的能量消耗；而慢肌爆发力偏弱，持久性很优异，且能储存氧气，专门用作长时间中低强度有氧运动的能量消耗。

因此，在有氧运动的过程中，大部分的时间需要保持稳定、速度均匀的节奏，这就需要我们有丰富的慢肌来保持持续运动。长期坚持进行**有氧运动锻炼**，可以强壮我们的慢肌纤维，使体内的氧气含量增多，提高我们的抗疲劳能力。

第 12 节　超强大脑养成计

很多时候我们在室内长时间地学习，经常会出现昏昏沉沉打哈欠的情况，这多半是因为大脑**缺血缺氧了**。由于长时间久坐，身体活动不足，血液流动速度减缓，给大脑的氧气供应不够，这是大脑提醒我们该起身运动的信号。否则，氧气供应不足将影响大脑处理信息的速度，思考和记忆的速度将会减慢，再继续坐下去学习，效果适得其反。

● 高大梁趴在课桌上头昏眼花

国内外神经医学专家研究表明，**身体运动**除了能缓解大脑疲劳，还可以改造建设大脑。人类幼崽出生后，神经系统和大脑伴随着肢体运动一直在持续发育和生长。新生儿在清醒的时间内几乎无时无刻不在运动，全身内外每分钟超过 1600 次的肌肉运动，促成了新生儿的神经元的更多联结和大脑发育。通过充分的运动学习，人的大脑在 4 岁左右发育完成 80%。更多的对复杂运动的学习，将伴随和促进大脑持续发育直至我们的青春期结束。

哈佛大学医学院瑞迪教授与哈格曼写了《运动改造大脑》一书，详细介绍了美国芝加哥一所高中发起的“零点体育课”项目，这个项目要求每天早上第一节课安排有一定强度的体育课，全学区 1.9 万名孩子因此成为当年全美国最健康和最聪明的学生。所有学生的身体素质和学习成绩大幅提升，使得这个项目证明了在上文化课之前进行大量的**体育锻炼**能够有效地提高学生们的学习能力。

科学家的研究表明，**体育运动可以促使身体产生大量的名为脑源性神经营养因子（BDNF）的蛋白质，这种蛋白质负责建立和保养神经细胞回路，算得上是大脑的优质营养保健品，胜过药房里任何一种补脑健脑的口服补剂。**这种运动产生的蛋白质，可以提高神经细胞的功能，促使它们生长强壮，同时减缓细胞死亡的过程。

体育运动还能够引发身体内的一系列生物学变化，促进大脑细胞彼此间的连接，**这种神经细胞连接的增多可以直接提高大脑处理问题和应对困难的能力。**在这个建设改造大脑的过程中，有氧运动和技能运动都十分重要。

有氧运动如跑步、游泳、骑自行车等，能够增加神经信号传递、建立肌肉中新的毛细血管来输送营养物质，促进细胞新生；而技能运动，尤其是有复杂动作的技能性运动，如球类、舞蹈、体操、滑冰等项目，可以强化和拓展神经网络，动作越复杂，神经突触的联系越多，便形成大量错综复杂的脑神经回路。

“也就是说，我的大脑也跟班长的大脑一样发达啊！”艾小豆恍然大悟，明白了为什么马老师说他的大脑发达，也明白了舞蹈和足球一样，也可以帮助形成发达的大脑。所以他得出结论，他的大脑与班长肖思思的大脑“一样发达”。他不禁自己“嘿嘿”乐了起来，完全没有接收到肖班长给他抛来的大白眼。

● 艾小豆忽然“头大”，得意扬扬，肖思思在一旁朝他翻白眼

通过运动开发出来的这些脑神经回路同样可以用于大脑的其他功能，在学习其他知识和技能上更是“一通百通”，这也是为什么很多优秀运动员学习其他领域的知识和技能也非常快。因此，我们在选择运动项目时，既要有锻炼心血管的有氧运动，也要有注重大脑开发的**技巧型运动项目**。

所以，如果你的大脑开始昏昏沉沉，就说明它已经能量不足了，别犹豫，赶快起来运动一下，给大脑及时提供营养补给，助它继续通关作战。**用运动来建设一个高阶的超强大脑，才是真正拥有了学习的终极大杀器。**

◆ 马途途的小词典：神经系统和多动症

神经系统是我们对外界信息做出反应的**指挥部**，包括脑、脊髓和遍布全身的神经细胞（又叫作神经元），主要负责接收外界信息、做出反应并维护身体内部稳定。每一天我们的身体里都有几百万个神经冲动在神经系统里传递，由大脑负责对神经冲动进行分析后再发出指令给运动神经。

人脑大约含有 1000 亿个神经元，负责 24 小时不停歇地接收和处理信息，工作量还是相当大的。**脑的重量约占体重的 2%，但它们每天要消耗掉肝脏储存血糖的 75%，而耗氧量占全身耗氧量的 20%。**

神经系统通过各种感官对外界事物进行感知和定向信息传递，形成我们的专注力。科学家的研究表明，全球 19 岁以下青少年儿童中，3%~7% 的孩子都有一定注意力缺陷，主要表现为注意力不集中、行为多动、记忆力不佳以及自身行为控制较差等，被很多人称作“**多动症**”，全称叫作“注意缺陷多动障碍”（Attention Deficit Hyperactivity Disorder，ADHD），常常表现为过度活跃，经常会发生在男孩身上。

我们从小到大的每个班里，大概都有一些这样的同学：他们上课自言自语、小动作很多、心不在焉地乱涂乱画、磨洋工浪费时间，说话时往往不假思索就脱口而出，常常干扰和打断别人说话；他们很难坚持做某件事，常常喜欢起哄或者搞笑，特别兴奋的事是给学校和老师添乱。

有这种表现的同学大多不会被家长和老师理解，往往会挨批评或者被纪律处分。其实，这种行为是由他们的大脑注意力系统的功能障碍造成的，而并不是他们自身的态度问题。虽然他们有可能在课堂上无法集中注意力，但在电脑前可以连续打几个小时的游戏。无论是不能专注，还是过度专注，都是注意力系统的故障，说明孩子对注意力的管理无法自主掌控。同时，在现代社会的快节奏生活中，越来越多的成年人也在面临**注意力缺失**的问题。

“那……好像我们班上也有这样的同学啊……”班长肖思思陷入沉思。

艾小豆开始有点表情不自然，心想：“马达老师是不是在说我啊，不是又要拿我说事吧？”

其实全世界的学校里都有此类情况的孩子，或许这样的一些情况就发生在你自己身上。别紧张，这不是说明你是个不遵守纪律的“**坏孩子**”，而是因为在某个阶段，你出现了一些注意力管理的特殊情况，需要爸爸妈妈和老师的帮助。

有“多动症”的孩子，问题通常在于注意力系统的杂乱不均，导致注意力不连贯、不完整而且缺乏一致性。对于这些“上蹿下跳”的孩子们，纪律约束并不能改善他的大脑状况。相反，医学专家们强烈建议，用严格安排的体育运动项目来“**以动治动**”，可以有效地解决这些孩子们过度活跃的问题。

对“多动症”的孩子，可以选择既需要复杂运动技能也需要高强度体力的运动项目，如球类运动、芭蕾、体操、花样滑冰、滑板运动、跆拳道、搏击等，并且保证至少每周参加两次以上，保持一定的运动强度和时长。

这些运动项目复杂的技术动作会更大范围地激活大脑皮层，从而提升身体的平衡性、灵敏性、协调性，以及帮助我们进行时间管理、判断决策和集中精力。对于大脑来说，在复杂运动中一直要处于“战斗”的警觉状态，以避免身体受伤或者出现技术错误，因而会加快神经元相互之间的联通，对于注意力系统是个非常有效的建设作用。

同时，运动增加了大脑皮层的**神经递质**，抑制了过度活跃的小脑，又进一步让人获得了专注运动带来的满足感。因此，越复杂的运动项目对于“多动症”的孩子来说越有改善作用，同时帮助他们建立自己的计划和规则，逐步学会主动控制自己的注意力，从而产生更高的效率。

我们也要提醒爸爸妈妈和老师们，对于这些孩子不要只是简单粗暴地进行纪律约束。罚站、写检查、扣分等办法不能从根本上解决注意力管理的问题。采用运动锻炼来促进孩子大脑注意力系统的发育，是让他们终身受益的办法。

总之，如果发现自己有注意力不集中、课堂上坐不住的情况，不要气馁，选择一项复杂的体育项目，跟随一个体育教练，坚持体育训练，可以有效地改善自己的注意力。

每个人的大脑神经在青少年时期的成长发育会经历不同的阶段和路径，相信自己，鼓起勇气，运动会改变大脑，运动也会塑造一个更好的你。我们都会为你加油！

马达老师的眼睛亮亮的，看起来充满鼓励和信任。

艾小豆表情逐渐变得自信而严肃，回想起自己从一年级四处捣乱的小屁孩，逐步变成了五年级冲锋在前的校足球队主力，“原来运动真的能改变人”。

“看来我们也应该成立一支女生啦啦队，下次足球赛去为运动员们使劲加油！”肖班长也想得很多，竟然头一次在课上“开小差”了。

● 肖思思和女生们为带球冲锋的艾小豆呐喊加油

第 13 节 消极情绪的魔法药水配方：阳光、氧气和汗

浑身没有力气，干啥都不快乐的状态人人都会有，这就好像身体得感冒一样，心情也会感冒，从而导致干什么都提不起劲儿，没有兴趣、更不会有动力。这种状态，如果持续一两天，那就是正常的**情绪低落**；如果持续一两

周以上，那就是有些情绪抑郁了，身体也同时会发出疲惫、无力、失眠或者头昏嗜睡等信号。

郁郁寡欢的多梅多，背着书包垂头丧气地往家走

一些同学由于青春期内分泌变化或者学业压力过大而产生焦虑和抑郁的情绪和症状：有的会食欲减退、睡眠减少、胡思乱想，有的则会暴饮暴食、终日感觉到疲惫不堪，有的甚至连起床和出门都感觉非常困难。这些情绪和症状如果不能被正确对待，那么长期持续的负面行为会对身体和大脑形成损害。

一个人的**心理素质**，包括情绪和意志等，这也是体质的一个重要组成部分。青少年在成长发育阶段，建立良好的心理素质是进行体质提升的重要内容之一，也只有建立良好的心理素质才能更好地适应外部环境和促进身体健康。

日常喜怒哀乐的情绪是身体里带电粒子通过神经系统

进行运动产生的能量，这些能量需要进行流动、转化或释放。负面情绪如焦虑、愤怒、抑郁等如果不能得到转化或释放时，就会在身体里停滞和淤堵，给我们的身体和思想带来压力和损害。如果自己感觉有了这种**抑郁状态**，一定不要害怕说出来，而要请爸爸妈妈和老师一起来面对，共同找出解决办法。

负面情绪的解除，可以试着采用三步走的方法。

第一步：能觉察出自己进入负面情绪状态，可以对自己说“我又开始郁闷了”。

第二步：了解自己是因为什么而心情不好的，可以说“我知道是因为……所以我郁闷了，我的郁闷是有原因的”。

第三步：表达和释放自己的郁闷情绪，可以选择用语言来向他人倾诉，也可以用行动来表达，比如做一些力所能及和喜欢的事情，如画画、做手工、唱歌、跳舞等，或者进行体育运动的练习。

运动，特别是户外运动，已经被证明是解决这种心情感冒的“速效感冒冲剂”。在很多国家，对于受负面情绪困扰的人，除了接受心理治疗和服用抗抑郁药物，每日进行有氧运动已经被医院纳入治疗方案中。

运动可以促进**内啡肽**的分泌，增加大脑内的多巴胺的储备，产生满足感和成就感，提升大脑的快乐感受；运动的过程也是能量流动和转化的过程，使得情绪能量可以转化为其他形式的能量得以释放，使我们能够**减轻压力**，逐步摆脱无助感和绝望感。

运动可以帮我们增强心理建设，提高应对压力的能力，从而提升自信心，这是为什么呢？

首先，现代生活中我们极少面临生存危机，但在运动比赛或体育游戏过程中会模拟“战斗还是逃跑”（fight or flight）的选择，这一选择过程，使得内分泌系统逐渐适应指挥和调度内脏器官和系统来配合肌肉的运动，提升“战斗或逃跑”的**反应能力**。

由于在运动锻炼中，肌肉力量、速度、灵敏度和耐力等各项身体素质得到提升，我们对自己的身体和外在压力会有一种征服感和自信心——认识到自己具备掌控能力而不是只能被动应对。身体素质和运动能力的提升，可以使我们的大脑保持冷静，在最原始本能的心理层面上增强自信，减少焦虑和抑郁，提高应对压力和挑战的**心理素质**。

其次，运动过程也是我们与同学进行社会交往、协作沟通的过程，可以提高社交能力和社会适应性。没有什么比参加一项体育运动更容易打开与人交流的大门。

奥运会期间，不同民族和语言的运动员可以在无语言翻译的情况下，通过运动交流建立友谊，增进彼此信任；日常生活中，同学们有共同运动爱好，或者参加同一个体育活动，可以在遵守共同的规则和切磋技巧时更好地接纳自己和他人的不同，发展团队合作技能，减少挑衅和破坏，有尊严地接受失败，促使我们与对手互相尊重，学会承担**集体和社会责任**。

最后，运动可以大幅度减少与压力有关的疾病，如缓解焦虑和治疗抑郁症。我们现阶段的学习生活，尤其是未来初高中阶段紧张的学业和考试，给日常生活带来很大的压力，会使得体内肾上腺素过度分泌，从而身体容易处于长期的**疲劳状态**；同时在学校和家庭中久坐不动的时间大幅提高，压力和久坐相互作用，会引发关节炎、慢性疲劳综合征和免疫系统功能低下等疾病。

如果能够做到每天花 30～50 分钟来运动锻炼，身体的免疫系统就将被明显激活，这可以有效解除身体疲劳，提升细胞活力，抵御外部病毒和细菌的入侵。国内外的社会精英，从商业巨头到国家总理，在繁重的工作压力下仍能保持旺盛的**精力和体力**，离不开每日体育锻炼的帮助。

近年来，很多国家的医生都开始建议癌症患者进行体育锻炼，以增强患者的免疫系统来对抗病症，并可以明显地缓解患者的压力和抑郁情绪。

“所以，感觉有消极情绪了？放下手机和电脑，去户外走走路，跑跑步，或者骑骑自行车。坚持晒太阳、运动出汗、呼吸新鲜空气，就是治疗抑郁的最好配方。”马达老师笑眯眯地看着大家。

“体育老师很少有得抑郁症的，不是吗？体育老师当班主任的班级，一定也会是最快乐的班级。下面，全班整队，跟我去操场再跑两圈！”

“啊？！”全班同学一起快乐地惨叫起来。

笑眯眯的马达老师带着同学们一起跑步比赛，马途途扛着小旗当裁判员

◆ 马途途的小词典：内分泌系统

我们的身体里有两个系统在做着调节和指挥的工作，一个是神经系统，另一个就是内分泌系统。内分泌系统通

过分泌化学物质来控制人体的许多日常生理活动和长期的**生长发育**。

内分泌系统包括我们所熟悉的各种腺体，如甲状腺、肾上腺、胰腺和胸腺等，它们生产释放出叫作“激素”的化学物质，直接进入血液输送到全身各处，可以通过血液运输来远程调节器官和组织的活动。**激素在人体中引起的反应通常缓慢和持久，不同于神经冲动引起的快速反应。**

内分泌系统是人体生理机能的调控者，内分泌激素对人体的各项生长发育及生殖起到重要作用：生长激素和甲状腺激素对全身细胞的生长发育和新陈代谢有很大作

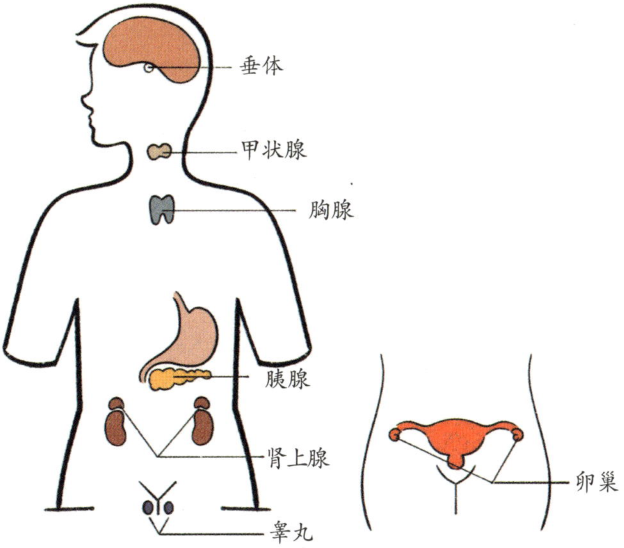

● 内分泌系统示意图

用；促性腺激素和性激素对生殖及维持男女性别特征起主要作用；胰岛素能调节血糖，而肾上腺素可以调节心跳和血压。

当我们面对压力和挑战时，如参加体育比赛，肾上腺释放出肾上腺素促使身体对紧急情况做出反应，呼吸因此加快，运输更多的氧气到细胞中，以便为肌肉提供更多的能量；心跳速度也同时加快，使血液更快速地流到肌肉和其他器官，以便有更多的血液为运动着的胳膊和大腿所用；同时双眼的瞳孔也会随之放大，使我们能在比赛中看得更清楚。而当比赛结束时，经过短暂的休息，肾上腺素水平恢复正常后，**呼吸心跳**也会逐渐恢复正常。

当运动超过一定时间和强度后，体内便会分泌脑内啡，通常也被称为内啡肽，是脑下垂体分泌的一种合成激素，可以产生镇痛和愉快的感觉。长时间的、连续性的、中等强度的有氧运动是分泌内啡肽的条件。

这些运动包括跑步、游泳、越野滑雪、长距离划船、骑单车、举重、有氧运动舞蹈或球类运动等。长时间的运动把肌肉内的糖原用尽，只剩下氧气，内啡肽便会开始分泌，让人感到愉快。

也有很多人在吃辣味食物时，因为舌头疼痛促发脑下垂体分泌内啡肽，镇痛的同时带来愉快的感觉，因此也会有“**无辣不欢**”的饮食习惯。

还有很多情况会导致不同激素的分泌，例如细菌进入人体，胸腺素便会自动增加分泌，以抵抗病菌；女性月经期间，孕激素也会增多，而雌激素则相应减少。

但是如果身心压力长期过大或者作息不规律，也会引起内分泌腺分泌的激素过多或过少，就会造成内分泌失调，新陈代谢功能紊乱，容易导致内分泌疾病发生。

青春期时面临的主要任务是保证正常生长发育。同学们要注意补充营养，尤其是适量增加蛋白质的摄入，充分享受户外运动时间。如果营养不足、接受自然光照的时间不够、过度的营养摄入或者内分泌紊乱，则会导致如糖尿病、高血压等中老年慢性疾病提前来临。

很多孩子还出现无法入睡的问题，也与睡前眼球接收大量的光线照射有关，如眼睛长时间观看电脑、手机和平板电脑等，眼球一直感受到光线，脑内的松果体腺就不会分泌调节睡眠、让人产生困意的褪黑素，从而影响入睡和睡眠质量。

同时，青春期阶段有些体内激素如多巴胺等还处于较低水平，容易引起情绪不稳定，心情起伏变化比较大，也属于这一阶段特有的身心状况。

因为各种激素水平尚不稳定，且繁重的学习带来的外部心理压力也在影响**内分泌系统**，面对这个年龄段的各种压力，我们一方面期待家人能多给予理解、支持和耐心，另一方面自己也要学会通过运动锻炼提升快乐和自信，并与家人、老师和朋友建立主动沟通。

第4章

体育就是个游戏

“你有自己喜欢的球类运动吗？如果现在让你选，你要玩哪种球？”马达老师指着马途途身边的一筐五颜六色、大小不一的球问。

“我喜欢足球！”艾小豆看着筐里的足球第一个喊起来。

“我喜欢乒乓球！”

“我会打篮球！”

“我喜欢排球！”

“我打羽毛球！”

“我打过高尔夫！”

大家七嘴八舌地喊着。

“我会扔铅球……”多梅多嘟哝了一句，不知道马老师的球筐里有没有铅球。

我们具备一定的基础运动能力和身体素质时，学习体操、足球、武术或游泳等专项的运动技能，就成为身体和大脑发育的进一步需求。**专项运动的学习，既可以提升身体的复杂运动能力，又能够满足大脑进一步发育和建设的需要，促进提升神经系统在运动中的决策和判断能力。**

通常从小学三年级开始，有一定体能基础的同学就可以选择自己喜欢的一些专项运动来进行复杂技能的学习。专项运动一般都有较为复杂的规则、技术动作和应用场景，我们通过这些运动项目不仅可以锻炼自己，还可以与其他同伴一起进行**交流和娱乐**，用共同学习掌握的本领，获得参与和竞争的乐趣。有乐趣的运动，才有可能一直坚持下去。

有的爸爸妈妈很早就想让孩子学习并掌握一门专项运动，甚至从三四岁就开始让孩子大量练习专项运动技能。其实，我们大多数人学习体育运动不是为了走专业道路，而是身体和大脑发育的需要。对我们来说，运动需要成为一个伴随终生的**生活习惯**，而不是职业或谋生技能。太早进行专项运动训练，有时会对学龄前孩子的身体带来损害，还会剥夺其运动的乐趣。

有专家统计过，很多人就是因为幼年练习过多而在成年后放弃了他们从小学习的运动，因为童年记忆里留下了很多辛苦的**身体体验**，让他们之后无法享受这项运动的快乐。因此，专项运动技能的学习不必操之过急，小的时候可以多参加和接触不同的体育活动和游戏，等 7 ~ 10 岁体能和脑力准备好后，再深入学习也不迟。

我们通常学习的专项运动大都涵盖在六大类里：球类

运动、田径类运动、体操类运动、水上或冰雪类运动、武术类运动和新兴体育类运动，如棒球、飞盘或者橄榄球等。你现在有学习任何一种专项运动项目吗？或者，你是否打算学习**一种运动项目**呢？

第 14 节　试试就试试

“能不能说一下你为什么选这个球类项目呢？”马达老师继续输出他的问题。

“因为我喜欢看足球比赛。”

“因为我表哥带我打过篮球。”

“看女排打球太爽了，所以我也想学。”

“我的爸爸是乒乓球迷，他想让我学乒乓球。”

“打羽毛球很有意思。”

“练高尔夫的人都很帅。”

“三年级时老师非让我运动会报名参加铅球比赛……”

“很好，每个人都有自己的选择。”马达老师笑眯眯地看着大家，“今天，我们这节课的学习任务是，选择你喜欢或者擅长的球，两两组队，互相讲解和示范你的球类项目的一个基本动作和技术要点。或许你会发现有新的项目想去尝试。”

● 艾小豆在踢足球，多梅多在推铅球，
高大梁发愁地看着手里拿的乒乓球拍和乒乓球

面对那么多的运动项目，我们要如何做出选择呢？建议大家在课上和课下尽可能多地去尝试，发现自己喜欢和**擅长的项目**。当然，如果没有那么多时间和条件，那么可以根据自己的**爱好和特点**来选择。

第一，依据个人兴趣爱好。什么样的运动你最喜欢，在不了解这个项目之前，很难做出判断。最简单的办法就是去看体育赛事。体育频道、联赛现场、运动会、学校社团、俱乐部等都是**观摩**比赛的通道。看看哪种项目的比赛最能吸引你的注意力，甚至想自己上手试一下？兴趣是最好的老师，体育运动归根到底就是一种有挑战乐趣的身体游戏，要选择那种让你乐在其中的游戏方式。

第二，依据个人性格特点。看比赛和亲身下场比赛是有所不同的，因此参与一项比赛还需要找自己感觉“**放得开**”的项目。我们每个人的性格特点不一样，有人喜欢一个人专心操练，有人喜欢跟大家一起比试比试，还有的孩子对肢体接触和近身拼抢的运动完全无所适从。

自己的性格是否适应运动特点和要求，也会决定运动过程中的乐趣和成就感。**每一个不同性格特点的人，都能找到觉得“自在”的体育项目。**各种运动项目可以按照“性格适配度”来分类，帮助你看看自己适合哪种项目。

（1）“个人挑战”型项目。这种项目通常都是一个人自己在运动，适合愿意自己专心操练打磨技艺，不断自我挑战和完善，通过提升自己来得到乐趣的孩子。比如，体操、武术、滑冰、滑雪、游泳、高尔夫球、瑜伽和田径项目（如短跑、长跑、跳高、铅球等），基本都是没有与他人配合和身体接触的，自己就可以进行练习和提升。即使是一个性格内向，喜爱独处的孩子也可以沉浸在运动的**乐趣之中**。

（2）“进攻对战”型项目。这种项目通常需要一个竞争对手才能进行运动，适合喜欢与人交往竞争的孩子，通过运动过程中的进攻和防守的变化激发动力，以打败对手、进攻胜利来得到乐趣。有的对战项目是隔空对战，如网球、乒乓球、羽毛球等，借助运动器具，没有肢体接触；还有一些是需要近身对战的，如击剑、柔道、摔跤、跆拳道等，对性格上的勇敢和主动要求更多一些。

（3）“军团作战”型项目。这种项目通常需要两个团队才能进行运动，适合任何对这项运动感兴趣的孩子，只需要找到在团队中适合自己的角色和位置，如是进攻位置，还是防守位置。通常这类运动项目，完全依靠个人与队友的沟通和配合，会增强孩子们的人际交往能力、团队协作能力和集体荣誉感。大多数的团队项目是需要近身拼抢，如足球、篮球、冰球、橄榄球等，肢体接触和冲撞是不可避免的；也有一些项目是隔空对战，如排球、棒球，各自有轮流镇守的区域，对个人攻防的技能要求较为全面。

第三，要考虑个人身体素质。绝大多数的青少年，身体素质是可以通过运动项目来提升的。所以，经常参加一项**喜爱的运动**，会对原有的身体短板进行提升，自身的长项更能得到发挥。

每一种运动项目会有它自身注重的素质要求，如乒乓球项目很注重手眼协调性和灵敏性，足球项目注重球员的心肺功能、下肢肌肉力量和灵敏性，冰雪项目注重身体的核心力量、协调性和平衡感，而棒球项目注重手眼配合、爆发力和身体协调性。

并不是必须具备过人的身体素质，才能选择运动项目。体育运动是每个人都需要的**身体游戏**，我们要尽可能地多去尝试和学习，最终使得自己可以掌握一种甚至多种长期热爱、受益一生的运动锻炼项目。

“那……老师，有没有可以一个人玩的球，而且不用近身拼抢？”高大梁看着球筐迟疑地问。

高大梁实在不喜欢跟人挤在一起抢球的感觉，一是挤不动，二是抢不过。从幼儿园开始，他就不愿意跟小朋友们打闹，总是喜欢一个人安静地搭建积木、画画或者跟女生们在娃娃家里扮演爸爸的角色。

“你来跟我学高尔夫球吧！完全靠你一个人就能玩的球。”何一鸣热情地招呼高大梁。

“也可以跟我学球操，一个人可以练的艺术体操。”肖思思眨眨眼说。

“这个瑜伽球可以一个人自己练！”

“保龄球也可以一个人玩呀！”

“来跟我学台球吧！”

“我可以教你推铅球！”多梅多特别大声地邀请高大梁。

看到这么多同学都邀请他，高大梁特别激动，一时都不知道该做何决定了。

“你可以做个自由人，这些球都去试试看。根据你的感受，做自己的决定。”马达老师笑眯眯地说。

“好嘞！”高大梁愉快地答应了，毕竟从来没有一次见过这么多不同的球，他打算每一样都跟同学好好学习一下。

第15节 知道啦，做到啦，会啦

多梅多决定跟艾小豆学足球。结果一出脚，就知道了什么叫“看球容易踢球难”。

跟多爸一起看球赛的经验已经很丰富了，多梅多原本以为自己很懂球了，可就是很简单的运球动作，自己却好几次要被脚下的球绊倒。

“到底是谁踢谁呢？”多梅多拼命追赶着“骨碌碌”滚向场边的足球，感觉自己受到了这个球的“捉弄”。

学习运动技能，其实跟学习书法、魔方或者唱歌等身体参与的技能都差不多，至少要经历三个阶段：我知道了、我做到了和我会了。这三个阶段的递进，需要伴随着练习时长的增加和大脑肌肉的不断配合并巩固而逐步实现。

第一个阶段：我知道了。这个时候是**初学阶段**，眼睛和大脑的记忆部分在起主导作用，这个阶段注意观察和用心记忆是关键。比如刚开始学游泳时，老师首先会演示一下蛙泳的基本动作，还会分步骤把动作要领讲解一下。这个时候，我们是用眼睛学习，大脑试着记住要点，身体只能进行简单模仿，胳膊和腿还很僵硬和不协调，在地面上跟着比画还有点别扭，更不用说在水里游动了。

在这个阶段，我们对要学的技术要领有点明白，因为老师给做了亲身示范，而且做得很漂亮。我们看在眼里，记在脑子里，但身体并没有记住太多，因为肌肉并没有跟上老师的示范。手臂划水看着很滑稽，蹬腿也不知道向哪个方向用力。

老师讲的时候都能看明白，自己做的时候却手忙脚乱。大脑只是“知道”，但实际身体并不能“做到”。这是非常正常的现象和过程，完全不必**气馁和沮丧**。

在这个阶段，我们不必要求自己马上就能动作到位。注意观察细节、记住示范要点是这个阶段最重要的事，争取能够把老师的示范动作像录视频一样记录在脑子里。

所以这个阶段，不要求能够完全做到，但一定要确保“知道”，明白和记住老师的示范。如果有没看明白的地方，就不妨多请老师和同学示范一下，这可以帮助你更好地知道动作要领。

艾小豆在示范足球运球，多梅多说“我知道啦”

第二个阶段：我做到了。从“知道”到“做到”，需要至少 10 小时的练习，取决于学习的这项技术动作的**复杂程度**。记住老师的示范动作后，要反复对照练习，使控制身体肌肉的神经建立顺畅的连接。

在练习过程中，我们会逐渐发现老师的示范动作在不同角度和方向上，各相关位置的肌肉是如何用力的。如果有不明白或者没有理解的地方，要及时反馈和询问，并坚持对动作进行重复练习。

我们之前提到过的“**运动想象力**”在这个阶段尤为重要，要把脑海中老师示范动作的视频主角换成自己，在反复琢磨练习时，用想象调动相应的神经和肌肉。即使没有场地条件进行实际练习，我们也可以通过脑海中的想象，控制和调动身体相关部位的神经和肌肉来进行虚拟练习。这种方法，是实地练习的很好补充，一样可以锻炼对应的神经对肌肉进行控制。

所以，游泳并不是只能在水中进行练习，足球也不是只有在草地上才能比赛。在房间里、在碎片时间里，我们都可以按照老师的示范要领进行肌肉控制训练，对于再次实地练习会起到很好的**促进作用**。

“全凭心意用功夫”，在这个阶段，利用一切可能的机会进行动作练习，才有可能将前期看到和记住的动作要领，转化为自己的真实动作。从大肌肉群的粗放动作，到小肌肉群的精细动作，都需要反复练习、练习、再练习，才能保证实操动作连贯、顺畅和流利，才能算是“**我做到了**”。

第三个阶段：我会了。真正的“会了”是在大量练习后，形成自己的完整认知，对动作的连贯性进一步巩固完成。同时，在实地练习的环境下，可以应对不同的外部变化。比如，学过的蛙泳动作不仅能够连贯，且在有一定风浪或干扰的水里面仍能保持动作舒展，不变形，自如地控制在水中的速度和方向。学会足球运球，可以在遇到障碍物或别人阻拦时，还能自如地跑动并控制足球方向。

这一阶段，除了大量练习，还需要不断地实战、实战、再实战。尤其是竞技性的项目，在实际应用场景下，才能更好地锻炼大脑的判断决策能力，并更加协调高效地指挥身体各部位肌肉进行配合。参加体育比赛，以赛代练，通常是这个阶段最好的**学习方法**。即使是已经取得骄人成绩的运动员，也要不停地通过比赛和实战来提升运动能力。

国家跳水队里年龄最小的全红婵，却被大家称为“红姐”。她有着敢于吃苦训练的强大毅力，是值得我们每个人学习的“大姐大”。虽然她已经是女子十米跳台历史最高分获得者，在中学生的年纪就获得了各种国内外比赛的冠军，但是“红姐”仍然坚持每日超过 7 个小时的**刻苦训练**，不断挑战新的难度动作，提升对身体各部位肌肉的控制力。教练眼里的她非常能吃苦，对待训练的态度也非常认真，每次训练都是全力以赴地把自己的能力表现出来。

总而言之，所有的专项运动技能，都要求具备复杂运动能力，同时还有各项规则的限制和要求，以及与其他对手和队员的对抗和协作，对每一个学习者来说，都是非常有效地开发大脑的活动。对成长发育阶段的孩子来说，学习运动技能，不是为了将来升学和求职，而是大脑和身体最需要的全方位建设和锻炼。

所以，在学校学习期间，每个同学都被要求掌握 1 ~ 2 项运动技能。那么，你现在学了哪些运动技能呢？又分别到了哪个阶段呢？

“你刚开始学习，别太着急，掌握运球技术只是个时间问题。我刚开始学球的时候，家里的足球都踢丢了好多个。记住我说的要点，放学后跟我去小区球场多玩几次，保管你很快就可以上场比赛。”

“艾小豆教练”永远乐观、永远自信，这是多梅多最喜欢的一点。

“马老师说了，我们平常上课就是‘知道了’的阶段，课后再靠自己练习，就可以‘做到了’。”

艾小豆真是上课听讲越来越认真了，说得头头是道，多梅多也不禁开始对他的“教学能力”刮目相看。

看看这三个小同学各自在哪个阶段呢？

第 16 节　晋级之路

“教练，我学得咋样啊？”高大梁问。这几天的课间，何一鸣都拉着高大梁用一把扫帚练习推杆。“嗯嗯，不错，不错。别急，别急，再练练，再练练。”何一鸣背着手，对着学习委员高大梁认真地指导着。

“哎，什么时候教我下一个动作啊？”高大梁有些着急地问。

“我问过马途途了，你这个动作还要再练 96 个小时。”何一鸣言之凿凿，但神色有些恍惚地说道。

“啊？！你也就会这一个动作，对吗？”高大梁看出了点破绽。

“呃……，我的高尔夫教练第一节课就示范了这一个动作，我得等到下节课才知道下一个动作是什么。”何一鸣说了实话。

“啊，就会一个动作还给人当老师？”学习委员头一次想要将扫把挥出去打人。

“哎、哎、哎，别冲动啊，一着急动作就会变形了。”何一鸣一边稳住高大梁，一边拉开架势准备开跑。

高大梁终于明白这个何教练也不过是个“上过一次高尔夫试听课”的何师兄，他自己的推杆技术怎么样，谁又能知道呢？

马途途静静地站在教室角落里，肚子上的屏幕忽然亮了起来。

何一鸣拿着扫帚教高大梁练动作，马途途在一边围观

运动技能达到什么水平，有标准吗？

对我们来说，或许参与一项运动，最重要的是能否从中获得乐趣和成就感。但是从最初阶段学习开始，总要有一些标准来帮助自己了解现在和未来的水平吧。至少可以跟同伴们比较一下，才知道是否需要进一步练习，以达到

“更快、更高和更强”。

专项运动技能主要体现复杂运动能力，因此衡量标准是多方面的。通常大肌肉群的运动可以通过一些具体量化的数字来评判，如奔跑的速度、跳跃的距离、支撑的重量等，这些基本身体素质项目都比较容易通过一个数字化的标准来监测。

而**复杂运动**里包含小肌肉群动作的精准度、多个动作的连贯性、大脑对运动场景的判断和决策，以及与对手进行对抗时的技能的灵活运用，使得单靠数字标准很难衡量一个人的水平，有时还需要现场裁判的主观判断或者团队的协作成绩来帮助评判。比如，球类运动、自由体操、花样滑冰和武术等，都是很难用单一数据来做评判标准的。

因此，各种项目都会有针对项目特点的一些综合评判标准。对初学者来说，入门前除了基本的身体素质标准，还有一些项目运动要求的身体素质，如篮球的折返跑速度、原地起跳摸高的高度、棒球的投掷距离、短跑速度等。专项教练会对有意学习的学员进行具体身体素质的测试。

在初学阶段，对运动技能的评判往往会从基础的单一技术动作开始，后面随着运动水平的提高，评判标准会逐步提升到对特定场景或挑战下的专业技术动作的要求。

比如，对乒乓球的初学者来说，能够做到一定标准的颠球和托球跑，就是具备了入门的技术水平；而到了高级学员的水平，就要会根据所要求的**旋转方向**来发球，或者在球台的指定位置做出一定旋转角度的回球技术。

总之，运动技能的判断标准，也是根据技能学习和掌握的过程和阶段来进行评判的。从“我做到了”到“我会了”，从单一技术动作的量化成绩，到增加难度和条件的多个技术动作的连贯性和准确性，都是对运动技能水平评判的不同层级的标准。

专业教练员会有一些自己的评判经验，而国家的体育教育机构也陆续地研制发布了不少专项运动的评判标准。孩子们可以多跟教练、老师们交流，也可以请爸爸妈妈一起来学习一下这些标准，这可以帮助自己更有目标地提高技术水平，也能让自己的**运动能力**得到大家的承认。

◆ 马途途的小词典：技能等级

2016 年 3 月，上海体育学院组建了《青少年运动技能等级标准》研制团队，以科学的方法评价青少年学生运动技能水平，促进学生在基础教育阶段掌握两项体育运动技能，在广泛调研和充分研讨的基础上，确立了“4 等 12 级”制的**基本等级体系**，且相继完成了乒乓球、足球、篮球、排球、羽毛球、网球、高尔夫球、田径、体操、游泳和武术11个项目《青少年运动技能等级标准》的研制、测试方法、视频拍摄制作等工作，2018年正式发布了这11个项目技能的评定标准。

在已发布的《青少年运动技能等级标准》中，各项目确立为4等12级制，1~3级为入门级，4~6级为提高级，7~9级为专业级，10~12级为精英级。其中，9级相当于国家专业运动员的1级运动员水平。所有项目标准仅对1~9级测试方法进行规定，预留10~12级与高水平运动员等级相衔接。

“何一鸣，你看看这个，这是我从马途途推荐的书目里查到的。”高大梁从书包里掏出一本《青少年运动技能等级标准》(高尔夫球册)，“咱俩一起研究研究怎样才算高尔夫入门级水平哈”。

“啊，这也要看书？你可真是个学习委员啊！”何一鸣嘴上不服，但身体已经凑过来翻书了。

这不就像提前预习了吗？跟学习委员一起学习，入门进度是不是会快一点？

第5章

通关大战

上课铃响了，马达老师带着马途途站在队列前面。

“从今天这堂体育课开始，我们将通过一系列的运动项目练习来提高身体的各项能力。马途途会给每个同学都拍照和录像，这些运动影像资料将进入它负责保管的个人健康档案。这个档案，会记录你们的身高、体重、运动心率等基础信息。另外，接下来每周都会进行本周项目的通关测试，马途途也会把你们每次通关的成绩记录下来。”

多梅多瞪大了眼睛，不出所料，这“二马”终于开始放大招了。“我就说嘛，体育课肯定不会让我们就这么轻轻松松通过的。”

高大梁也开始有点紧张了，还要不要再准备些请假条？

“体质通关测试，包括身体的耐力、爆发力、柔韧性、协调性、核心力量等能力测试，参照《国家学生体质健康标准》得出通关成绩。”

马途途在一旁不动声色，胸前的屏幕上演示着一些通关测试方法。多梅多一直觉得这个马途途有机关，除了用脑门上的摄像头录像拍照，不知道它还有多少秘密武器。

“我们每六个人组成一个战队小组，以小组为单位进行比赛。一共六个组长，三男三女，以五年级体育成绩男女生前三名为组长，其他同学自愿加入，六人满额。每个组员通关成绩加在一起，每周得分最高的小组是周冠军，全组奖励一节体育自习课和一套户外活动器具，有飞盘、棒球、大跳绳等。”听到这里，马途途肚子下面的百宝箱自动弹出，里面装了一大盒子五颜六色的体育器具。

“哇哦，好耶！”全班同学兴奋起来。团队、比赛和奖励，是最好用的规则。打团队战，每个人都有机会哦。

“另外，学年结束时，年度总成绩最高的小组是年度冠军组，同时，体质通关能力提升幅度最大的前三名同学会被评为‘进步之星’。年度冠军组和‘进步之星’每个人将被奖励一张专业体育联赛的嘉宾门票，有CBA（中国男子篮球职业联赛）、乒超联赛或者田径大奖赛等，目前暂时保密。我会带领这些同学去现场观看比赛，一起来一次暑假体育赛事游！”

“酷啊，这个听起来很带劲啊。”艾小豆瞪大眼睛，无比期待。

马途途头顶的小灯闪了又闪，胸前的屏幕上配合着闪过各种比赛现场和体育明星的照片。

“能不能看到马龙的比赛？”肖思思是女生组长之一，她很向往这个看比赛的机会。

“那也得你们组能拿总冠军才行。”男生组长艾小豆也憋着一股劲儿想得到这个机会。

“最重要的是，六年级毕业时我和马途途会给每个同学做一套成长对比视频，放到你的档案里，作为大家的毕业礼物。到那时你可以看见自己体育锻炼一年的变化。希望每个人都能保持努力，通关挑战完成后，人人都可以大变身！”

马达老师从体育器材室拿出了一个人形立牌：六年级胖嘟嘟的马达又一次站在大家面前，但是变成了向大家笑嘻嘻招手的表情，同时人形立牌上有四个醒目的字“请跟我来”。

看着胖嘟嘟的小马达，多梅多鼓起了勇气，问道：“小豆，我跟你一组，行吗？”

● 笑嘻嘻的小马达向大家招手说“请跟我来”

◆ 马途途的小词典：体质健康标准

体质健康标准是用来评测青少年的运动能力的身体数值和指标。通过这些评测标准和方法，来研究本国青少年的身体发展和健康状况，是各个国家通用的办法。

19 世纪下半叶，美国最先启动对青少年的体质健康和运动能力调研，到 20 世纪 80 年代初，出版了《体质健康监测技术手册》，为心肺功能监测、骨骼肌肉健康监测和身体形态监测等项目提供了理论基础和操作标准。

“有氧运动之父”肯尼斯 · 库珀博士的库珀研究院自 20 世纪 80 年代开始研发了青少年体质健康评测系统 FITNESSGRAM，发展至今逐渐成为美国及全球其他 14 个国家和地区进行学生健康体能的评价工具。世界各国的政府和社会机构从 20 世纪开始，都陆续设计了各种体质健康监测的项目，来跟踪评判本国青少年的**体质水平**。

我们国家研究制定的《国家学生体质健康标准》主要从学生的身体形态、身体机能和身体素质三方面综合评定学生的体质健康水平。身体形态监测主要包括身高、体重指标；身体机能监测主要是肺活量的指标；身体素质监测主要有坐位体前屈和 50 米跑作为各年级的共性指标，以及根据不同年龄和性别监测的跳绳、跳远、耐力跑、仰卧起坐和引体向上等指标。

身体形态、身体机能和身体素质这三方面在学生体质监测中所占权重分别为 15%、15% 和 70%，各项目监测的结果最终以 100 分为满分。国家层面对青少年体质状况的调研和地方教育主管部门对学生体质的管理，基本都是依据对这些项目的监测数据来进行分析和评判的。

提升身体素质是我们运动的主要目的，如果我们在童年时期每天能够有充分的身体游戏时间，如奔跑、追逐、跳跃和翻滚，大肌肉群就一定会得到充分的练习。进入学龄后，在学校里根据体育老师的指导，在家里做些专门的练习，各项身体素质的提升就不会是个问题。

现阶段许多省市将《国家学生体质健康标准》的监测

成绩作为学生每年的体育考试成绩，北京市将四年级、六年级、八年级的体质评测成绩计入体育中考总分，还有的地区规定将初中三年的监测成绩作为过程评价得分计入中考总成绩；很多重点大学，如 39 所[1]“强基计划”的大学，都将体质监测的成绩作为大学录取的标准之一。

伴随着体育中考在全国普遍实施，《国家学生体质健康标准》的身体素质监测项目成为体育中考的基本考试项目，日常的运动锻炼可以参考对照这个“**标准答案**”，相当于提前对开卷的体育考试做了准备。掌握体测项目考试要领，进行充分的居家练习，用良好的身体素质面对每一次测试，一定可以轻松达标。

最重要的是，定期进行《国家学生体质健康标准》的体质健康测试，相当于给学生做一次“运动体检”，让学生了解自己的身体素质有哪些不足，防患于未然，

马达老师在阅读马途途打印的“运动体测报告”

1 根据 2024 年的数据统计。

否则这些不足在未来成年人的生活中可能慢慢会发展成**健康问题**。最好的解决办法就是在未成年时期进行非药物治疗。用运动来解决体质问题，是世界公认的良药。

◆ 马途途的小词典：电子监测

由于全国范围内进行学生体质监测的人数众多，且监测结果被纳入各级考试成绩，传统的人工监测手段越来越无法满足需要。以电子芯片、无线传输、远红外线感应等技术支持的电子监测设备器材和数据管理软件平台成为各级政府教育主管部门所广泛采纳的监测工具和手段，以确保精准、公允的监测数据和高效、有序的监测过程。

每一个体质监测项目，都有专门的电子设备和测试方法。教育部已经对国内 20 多家厂商生产的电子设备都进行了测试和认证，各地根据实际需要采用认证过的电子设备进行体质监测。

第17节　最大挑战：耐力

“从明天开始，所有同学比往常提前10分钟到校，先到操场上跑两圈，再进教室。快跑慢跑，尽力就好。”马达老师宣布了一条新班规。全班同学一片惨叫：体育老师当班主任，也会给自己班开小灶啊？！

艾小豆在暗自偷笑：这算什么挑战啊，两分钟搞定！

一提到**跑圈**，有的同学似乎所有的痛苦细胞马上都被激活了，对高大梁和多梅多来说，一次中长跑恐怕比做10张考试卷子都难啊。的确，各项中长跑是所有身体素质测试中最具挑战，也是最需要综合实力的项目，完成一次中长跑，需要身体同时具备良好的心肺耐力和肌肉耐力。

小学高年级监测的50米×8折返跑，中学、大学男生的1000米跑和女生的800米跑，都属于耐力跑。体育中考里，男生的1000米和女生的800米在各地区通常都是必考项目。国际上通用的做法也会用“**12分钟跑**”

来测试青少年的耐力，以年龄和跑步距离来对应评价等级，例如 15 岁的男生 12 分钟内能跑完 3000 米则为优秀。

即使在竞技体育领域中，400～1500 米这种中距离跑步项目，也被专业径赛运动员认为是最“难跑”的项目。这种距离的跑步，既是考验心肺功能和肌肉耐力的有氧运动，又要求我们具备一定的跑步速度和平缓的冲刺能力。

耐力跑项目是对心肺功能最有效的锻炼。虽然在练习耐力跑的过程中我们有时会觉得呼吸困难、肺部受迫、心脏狂跳，其实就是心脏肌肉和肺部负责呼吸运动的肌肉疲劳了，但也正是这种感觉可以促进心脏和呼吸系统一次次接受锻炼，使得血管壁弹性增强，心肌和肺部肌肉被动生成更多的肌肉组织，变得更加强壮有力，从而能承担更快的心率和呼吸的负荷。

耐力跑项目也是对下肢肌肉耐力的考验。虽然是中距离的跑步，但对很多同学来说，这个项目像是马拉松和 100 米短跑的结合，既要求途中跑时我们的肌肉有持续运动的耐久力，也需要在最后 100 米时能够还有余力加速冲刺。在途中跑过程中，一大部分的距离需要保持节奏稳定、速度均匀的步伐，这就需要我们有丰富的慢肌来保持持续运动。长期坚持进行耐力跑锻炼，可以强壮我们的慢肌纤维，使体内的氧气含量增大，提高我们的抗疲劳能力。

因此，为了提高耐力跑成绩的日常锻炼，主要会针对下肢力量、心肺功能和肌肉耐力来设计训练动作。

多梅多在马途途的陪伴下，在操场上慢慢踱步

◆ 练习时间：从慢跑开始

DAY1:

第一天开始晨跑，多梅多来得特别早，因为他不想让别人看见自己跑步时狼狈的样子，他想趁着没人早点跑完。虽然没有人监督，他还是老老实实按照马达老师教的动作，做完热身练习后，才走上跑道。

两圈慢跑，多梅多照例快到第二圈起点就跑不动了：心慌、腿沉、张着大嘴呼哧呼哧像搁浅的鱼。“家人们，我尽力啦！”多梅多停下脚步又改成了走路，一边走一边扭头看看周围，生怕被“家人们”看见。

因为来得早，操场上只有负责签到的马途途呆呆地站在跑道起点旁边，并没有其他人。多梅多暗自庆幸“幸好来得早”。他宁可没有人给他加油，这个时候，越加油、越“社死”。

路过马途途时，多梅多听见他清楚地报出自己的名字“多梅多”，而且还说了一句“跑得太快了”。

“啥？！”多梅多几乎不敢相信马途途的话，觉得这个家伙可能一大早播放错了程序。

“前面跑得太快了，心肺功能无法适应能耗需求，所以第二圈坚持不下来，就只能步行。建议你第一圈减慢脚步，可以用 100 米 / 分钟的速度，跑一圈 300 米，用时 3 分钟，不给心肺增加太大压力，这样就可以匀速坚持跑完两圈。”马途途用毫无波澜的语气向多梅多解释。

“1 分钟跑 100 米？”多梅多吓了一跳，“这还叫作跑吗？苏炳添‘苏神’用 9 秒 83 就跑完了 100 米，我要用 1 分钟跑完？”

多梅多虽然体育成绩不行，但是跟着老多没少看体育频道，“苏神”创造亚洲纪录的场面让多梅多真心献出了自己的膝盖，而且“苏神”竟然是个大学教授呢。

多梅多这次确信马途途是坏了脑子。当然，他也知道自己跟“苏神”的差距肯定大于9秒83和1分钟之间的差距。

“如果你觉得1分钟不够用，你可以用更慢的速度。”马途途似乎没听懂多梅多为何如此惊讶，“耐力跑初期练习的重点是匀速跑，无论多么慢的速度，只要坚持下来就是胜利。不要跑一段、走一段，那样总的时间并没有缩短，心肺的耐力练习也并没有达到效果。保持匀速步伐、坚持跑完练习的距离。再试一下吧！”

马途途一连串地不停输出语音，声音一本正经，不像是在嘲讽或说反话。多梅多将信将疑地记下了它的话，感觉一大清早自己这样一圈慢跑下来，马途途和他都要在跑

多梅多在100米跑道上踱步，马途途在终点倒地呼呼大睡

道上睡着了。

马达老师也到了操场上，在大家还没到校之前，他给多梅多开了一个小灶：“我们一开始练耐力跑时，先从匀速慢跑开始练起。匀速、慢步和保持呼吸，这是初学者的三个基本要点。”

马达老师似乎唯恐多梅多不能理解这个“慢”：“只需要用最小的步子，压低重心，身体正直，小幅度摆臂，保持速度均匀就很好。”多梅多偷着乐了，“这不就像奶奶的小碎步吗？”

“同时，观察自己的呼吸，让每一次呼吸都够用，不要像搁浅的鱼一样挣扎式呼吸。如果呼吸开始变得急促，说明你可以再减慢一些速度。”

“慢步和呼吸做到了，然后就匀速坚持跑下去。无论多慢，坚持跑完，就是胜利！来，马途途，陪着多梅多跑两圈。”

“收到！”马途途头上的小绿灯闪了两闪，像是动脑子想了一下。它根据多梅多的速度，自动调了一个慢速前进的模式，在跑道上慢慢陪着多梅多跑起来。

有马途途在一旁慢吞吞地挪着，多梅多一下子觉得好玩极了，怎么也不能跑得比马途途还慢吧。

多梅多迈着小碎步，第一圈觉得马途途太慢了，自己反而需要很大的耐心控制脚步。

“身体不要左右摇晃，不用抬腿太高，摆臂过大，尽量减少消耗能量，保持体力。”马途途提醒道。

多梅多看着身旁的马途途既不用摆臂，也不用抬腿，气不打一处来，恨不得自己也能装个电池和轮子。

第二圈开始，多梅多的腿越来越沉，为了保持呼吸顺畅，他的步子变得更小更慢，他不想让身边的马途途听见自己呼哧呼哧喘粗气，谁知道它又会大声发表什么意见。

马途途似乎也减慢了一点速度：“别着急，肩膀放松，保持呼吸顺畅，需要的话可以再慢一点，但是不要走，继续保持跑步的动作。”

多梅多努力跟着马途途的指令，保持着慢吞吞的节奏，第二圈竟然跑下来了！“600 米完成时间 5 分 49 秒。”马途途竟然还没忘记计时。

多梅多有点小激动，还没到 6 分钟！马达老师也笑眯眯地看着他说：“看，这不是跑完了嘛！非常不错！”

多梅多感激地回头看看马途途。这个马途途，竟然毫无默契，又呆呆地停在跑道边，看着其他刚上跑道的同学，一点都没接收到多梅多的惊喜。

看来研发人员没有给马途途设计点带情商的程序。或许一切都在它的计算之中，也没什么可惊讶的吧。

多梅多擦了擦汗，自己溜达着回教室了。

DAY3:

这两天多梅多感觉大腿有点小酸痛，走路时膝盖两侧和小腿有点胀胀的，但比以前跑步后龇牙咧嘴不敢下楼梯的感觉还差得很远，一点没耽误他课间跟何一鸣推来搡去。

据说高大梁也因为腿疼悄悄咨询了马途途，机器人回复说：“跑后做拉伸练习，继续慢跑几天就好了。”

马途途的身体估计只有短路信号，对疼痛能有个啥了解？多梅多对高大梁说：“找马途途求同情，你这就是那个啥来着？……缘木求鱼！”

早上，操场上多了好几个跑小碎步的同学，一看就知道是马达老师的亲学生。马途途一声不吭地在跑道内侧跟跑，不时陪着不同的学生调整速度。大家都不着急，按着自己适合的跑步节奏来。

多梅多已经适应了这种小碎步，6 分钟完成嘛，没问题！跑起来没有思想压力，呼吸很放松，反而感觉腿比以前更有劲了。

看来，耐力跑最开始练习的就是耐心，向奶奶学习，简单！

马途途报时说：“600 米完成时间 5 分 42 秒，成绩有进步，加油！”

多梅多轻松完成任务，乐颠颠地回教室去了。

DAY 5:

多梅多习惯了这种“小步慢跑”的节奏，呼吸越来越平稳。“可以试着用鼻子吸气、嘴巴呼气，冷空气就不会擦伤呼吸道的黏膜。”马途途在提醒他尝试慢跑的呼吸方法。

“吸——呼——吸——呼”，每一次吸气或者呼气，多梅多发现脚下可以跑完“1、2”两步。于是节奏就变成了“吸（1、2）——呼（1、2）——吸（1、2）——呼（1、2）”，呼吸和脚步配合得越来越有规律，像是踩着有节奏的鼓点。

跑步原来也可以有自己的韵律，多梅多的身体和步伐踏着稳定的节奏，渐渐有点跳着舞步的感觉。

跑完第二圈后，多梅多浑身热乎乎的，这次好像没怎么出汗，竟然感觉“好像再跑一圈也没问题”。“哎？看来跑个马拉松也没啥困难的嘛。”多梅多脑子里开始冒出金光闪闪的泡泡了……

“600米完成时间5分20秒。”马途途在一旁报时。

“看来，只要不限制关门时间，说不定我也可以去参加个马拉松比赛……”能知道“关门时间”，多梅多还是懂一点马拉松比赛规则的。

“只要我能坚持，总能冲终点吧。”多梅多晚上梦见

● 多梅多在向马拉松终点冲刺，等待的工作人员都在呼呼大睡

自己真的完成了马拉松，只不过终点的工作人员都在等待中呼呼睡着了。

DAY 10：

艾小豆这个队长，无论何时到达操场，总是飞快地起跑并超过众人，根本没把这两圈当回事。无论多梅多跑到哪里，总是被他轻快超过。“好烦啊！”多梅多很恼火，有点后悔自己加入艾小豆这一组。

“我就不信了！”多梅多拔腿去追艾小豆，不想总是被队长“秒杀”。

“老奶奶我拼啦！”多梅多奋力挣脱“老奶奶”模式，疯狂追赶艾小豆，跑完剩下的 80 米。艾小豆吓了一跳，从来没有见过多梅多这么拼命。

“很好！我看见有些同学在匀速跑的基础上，开始练习冲刺了。”马达老师笑眯眯地表扬道。

“匀速跑练习时不必跟别人比速度，关注自己的心率和节奏就好；但在跑最后 50 米或 100 米时，就需要用尽全力去冲刺，直到终点，就像刚才多梅多跑得那样。”

多梅多在终点一边听一边呼哧呼哧地喘着粗气，心想：“幸亏就剩下这点距离，否则老奶奶真要吐血了。”

艾小豆拍了拍他的肩膀，说：“怎么样，跟着我没错吧？老师都表扬你了。”

多梅多张着大嘴顾不上答话。艾小豆一脸热情地说，“还真别说，差点被你追上，看来你以前也是深藏不露啊。牛！”

多梅多与艾小豆一前一后在跑道上狂奔

多梅多咧了咧嘴说："那我为了咱们组的成绩，不也得拼嘛！"

这天早上，多梅多第一次打心眼儿里感觉："跑步也挺爽的！"

第18节 力量x速度=爆发力

关于"爆发力"这个词，多梅多最早是从多妈嘴里听到的。上幼儿园时，多妈逼着多梅多去竞争班级童话剧里大老虎的角色，而幼儿园班主任唐老师觉得他更适合演大熊猫的角色。

于是多妈亲自带着多梅多去找唐老师："多梅多从小就很有爆发力！"多妈很努力地现场演示来证明她的儿子适合演大老虎这个角色。

"每次放学，一听说家里有糖醋排骨，他一下子就跑得飞快，我根本追不上他。他的爆发力很好，只需要一个机会！"多妈很不甘心儿子不能演大老虎。

可惜演出时台上没有糖醋排骨，唐老师和多梅多还是选择了大熊猫的角色。多梅多到现在还记得妈妈兴奋地模仿他跑步的样子，觉得妈妈才适合去演那只大老虎。

“爆发力”这个词从妈妈嘴里说出来，多梅多不明白什么意思，但又似乎觉得很符合妈妈的气质。

“丢死人啦！”多梅多现在一想起来就恨不得爆发魔法力，穿越回去抹掉幼儿园唐老师的全部记忆。

“多梅多，你知道什么是爆发力吗？”马达老师明显看出多梅多在走神了。

穿着老虎人偶服装的多妈对着穿着大熊猫人偶服装的多梅多张牙舞爪

爆发力，是指以最短时间产生最大速度或者最快完成动作的能力，与我们的肌肉短时间内迅速收缩的能力有很大关系，是力量和速度结合的一项身体素质。通常情况下，爆发力强的人的专注力、进取心和勇气往往都比较出众。

我们对速度学习的敏感期是 7～10 岁，爆发力的敏感期通常男生在 12～15 岁，女生在 9～11 岁。因此在中小学阶段多进行与冲刺和短跑有关的游戏和运动，将对人一生的爆发力的提升很有帮助。

◆ 爆发力和速度

短跑项目通常用来监测身体的**爆发力和速度**。因为爆发力和速度是身体素质中一个长期的重要指标，从小学一年级到大学四年级的各级学生都必须接受该项目的测试。

短跑项目属于典型的无氧代谢的爆发力项目。无氧运动是指当进行非常剧烈或急速爆发的运动时，身体在瞬间需要大量的能量，而能源物质来不及通过呼吸进行有氧分解，于是只能在身体里进行无氧代谢，以迅速产生大量能量。我们常说的“一口气跑完”，非常形象地说明了短跑是无氧运动的特点。

人体在肌肉“缺氧”的状况下利用肺部储存的氧气持续高速高强度跑动，大量消耗身体内储存的糖分，心率有可能达到 170～180 次 / 分钟。这种运动可以锻炼骨骼肌肉强度和心肌，增强爆发力，促进新陈代谢。

在心理上，大强度的运动还可以起到缓解压力的作用。中小学生进行短跑的运动和游戏，最有利于缓解学业和考试带来的压力，当天的烦恼尽可以“**一跑了之**”。

短跑过程中主要有两个要素可以决定成绩：“频率”和“力量”。脚掌、小腿、大腿、上臂以及核心肌肉群，甚至心脏肌肉，能否进行高频、有力的运动，决定了短跑项目的成绩是否优秀。

在短跑中不仅要加强腿部力量与核心力量，还要关注上肢力量、大小腿力量和足弓力量，要运用全身一切可以动用的力量向前，每一处肌肉都可能会起到关键作用。“亚洲飞人”苏炳添在他的训练中还会着重对臀大肌进行练习。臀大肌是身体最大的肌肉之一，发达有力的臀肌在短跑时进行快速收缩，堪称是“苏神”自带的创纪录“**加速器**”。

我们日常可以多进行腿部力量的负重练习，如深蹲，以及高频率活动，如原地高抬腿跑、台阶跑等，都有助于提高短跑的成绩。

◆ 练习时间：抓狸抓兔子

“每次两个小组，每组六个人上跑道。第一组在起跑线上，第二组在起跑线后方 1.5 米处，我们来一次抓兔子的游戏。”做完热身活动，马达老师宣布了本节课的主要任务。

“发令时前后两组同时起跑，同一跑道上前面的同学是‘兔子’，后面的同学是‘狐狸’。50 米冲线前狐狸抓到一只兔子，狐狸小组得一分；所有小组冲线后，全体向后转，狐狸和兔子的身份互换。起跑前允许小组内调换跑道，一旦老师发出‘各就各位’的指令，跑道就不可以调换了。”马达老师宣布了规则。

二组长艾小豆听明白了，小组能否得分，不仅取决于自己跑得是否够快，还取决于你的兔子是否够“菜”。要想小组总分高，还要好好排兵布阵才行。他看看自己的组员们，高矮胖瘦的全有，都是指望跟着他拿分的家伙。

一组长肖思思早早安排好每个组员的位置，带着大家一起热身，争取跑出好成绩。肖思思对甩掉艾小豆还是有些把握的：自己平日里健身操和舞蹈也不是白练的。

其他人按短跑速度排下去也是跟对手势均力敌：程嘉义和毛家瑞肯定能跑过陈怡诺和多梅多；方科虽然瘦，但是很灵敏，甩掉滕煦熙肯定没问题；徐嘉轶跟刘丽颖有点慢，但也不一定会被何一鸣和高大梁追上，大不了就丢一分。

肖思思带着组员认真做着热身运动，艾小豆在一旁看热闹

肖思思哪里想到，狡猾的狐狸们却制订了另一套捕猎计划。

“来，大伙听好了，这一次，光我自己跑得快没有用，我们要好好研究一下，才能让小组得更多的分。”艾小豆悄悄地聚拢他的组员开始布置战术。

“一组肖思思他们有两个跑得快的，肖思思和程嘉义，我们就不抓他们两个了，高大梁和何一鸣，你们两人跑得最慢，一人跟一个，就当锻炼了。其他人，我们就一对一盯好，从我开始集中力量抓剩下的四只‘兔子’。你们自己看看抓谁有把握？”

多梅多听着来劲了。他平日虽然慢吞吞的，但是如果有猎物在眼前，那么“大熊猫也不是吃素的”！

“我去抓毛家瑞。”艾小豆挑了剩下四人中最强的一只兔子。

“那我去抓刘丽颖。”多梅多对抓到那个小个子女生很有把握。

陈怡诺抓方科、滕煦熙抓徐嘉轶，这都属于降维打击、手到擒来了。

就这样，二组的人提前锁定了他们各自的猎物，个个露出了神秘的微笑。

热身时间，二组的人都在跑道边上各练各的，到处瞎转悠，在肖班长眼里，这些人根本没有比赛的准备。

“哼，艾小豆这组长真是吊儿郎当。”肖思思一边领着组员集体热身一边想，“一盘散沙。”

“各就各位！”马达老师站在起跑线上喊道。两组人对号入座，快速进入起跑区域。

“咦？我的身后怎么是高大梁？”肖思思感觉有点不对头，程嘉义也奇怪为什么何一鸣换到他身后了。

艾小豆一脸坏笑地站在大个子毛家瑞身后，而原本对着毛家瑞的多梅多，竟然站在了刘丽颖身后的跑道上。

肖思思似乎明白了什么，可是好像已经来不及了。

“预备！”多梅多用眼角余光看了一眼同组起跑的高大梁，高大梁表情认真严肃，做好了被肖思思甩掉的准备。但是这一次的失败不同以往，会对小组的得分起到重大作用。

高大梁从没有如此充满斗志，“小组第一，我就是第一”。学习委员的进取心永远在线。

“拼了。”多梅多对自己说，等待马达老师发令的那一刻。

兔子逃命的关键在于三个动作：起跑、加速和冲刺。

站立式起跑是大家常见的方式，但是很多同学都没有注意自己有同手同脚站立的问题。同侧手脚在前的起跑姿势，与跑步时手脚的自然位置是相反的。很多同学起跑的第一步其实会花时间把手脚再调成不同侧，即使是下意识的迅速转换，也会耽搁时间并减缓起跑时向前冲的惯性。

所以，一定要学会不同侧手和脚的站立起跑姿势：弓步站立，惯用脚后蹬，重心压低、身体前倾、目光专注看前下方，专心等待起跑指令，身体保持随时发射的状态。

起跑后，要全力以赴地加速，前腿大腿努力向前向上抬腿，后腿的脚掌**用力蹬地**。髋关节的灵活度和大腿肌肉的力量是决定提速的关键，所以看上去圆滚滚的兔子，所有强壮的肌肉都长在大腿和髋关节附近。在短跑途中，拼的就是下肢的肌肉粗壮和力量。在不呼吸的状态下，下肢肌肉里面含氧量越多，越有可能驱动骨骼高速运动。

加速跑的尽头是一直加速，直到冲过终点线。在到达终点前可不能减速，最后这段冲刺决定“兔子”是否可以甩开“狐狸”的追逐，以及抓人游戏中被抓的人能否一次次成功脱逃。

“抓到啦！”多梅多在离终点还有10米的距离拍到了刘丽颖的肩膀。冲刺后，六只“狐狸”，四只抓到了“兔子”。

“二组得四分。”场外一路全程摄像记录的马途途在终点宣布。

“嗷、嗷、嗷，胜利喽！”艾小豆大声怪叫道。这个得分很明显超出了肖思思的预期，她气鼓鼓地去找马途途看回放，期望能从录像中找出些二组的纰漏。

马达老师也叫两个组的同学一起看马途途的屏幕，不是看抓“兔子”的结果，而是让每个人注意看录像回放里自己的起跑姿势、摆臂的动作和冲刺的样子。

“哎呀，我站在起跑线上时怎么是顺拐的呢？”高大梁发现了自己的问题，好几个人看见自己也是顺拐。

“我的胳膊跑起来好像不会向后摆。”多梅多喃喃自语。

“我的腿抬得越来越低，这么没有劲儿吗？”何一鸣说。

“我要是在终点前再加把劲儿就好了！”刘丽颖对被多梅多抓到还是耿耿于怀。

“我的步子迈得很大，但是没有艾小豆步子换得那么快！”大个子毛家瑞若有所思。

“好，大家似乎都发现了自己有可以改进的空间。那么在等其他组比完赛的时间里，可以互相帮助练习一下，为下一轮做准备。下一轮，‘狐狸’和‘兔子’交换身份，再从终点线跑回起点。到时看看一组的捕猎成绩如何。”马达老师指挥着大家离开跑道，去自行练习。后面的几组“狐狸”和“兔子”还要继续跑过来。

肖思思狠狠地看了艾小豆一眼，说：“轮到我们抓你们时，让你们一个也逃不了。”

“耶、耶、一个也抓不着！”艾小豆带着多梅多一伙儿哈哈笑着跑开了。

● 肖思思生气地在后面追艾小豆，艾小豆一脸坏笑地在前面狂奔

◆ 爆发力和协调性

跳远也是一个需要爆发力的运动项目，很多短跑运动员也是优秀的跳远运动员。我们在小学时学习立定跳远，用来锻炼爆发力和身体的协调性。

与其他身体素质挑战项目相比，立定跳远更像是一个综合项目，一瞬间做出身体移动，要调动从上到下各方面的**肌肉群**。跳远时，身体既要有弹跳力、爆发力、肌肉力量，又要有运动协调性。

首先，上臂摆动和下肢的蹬地动作要协调一致，形成瞬时的合力；其次，身体腾空时尽力向后伸展，背部肌肉尽可能收缩，以提升腾空的高度；最后，下落时迅速收缩腹肌和大腿前侧肌肉，团身抬腿，带动腿部向前向上举起，以增加落地时的位移距离。

在这个过程中，我们要用到全脚掌、腿部肌肉、腰腹部核心肌肉、背部肌肉，以及上臂肌肉和肩袖肌肉群。全身上下的大肌肉群都需要启动，来促使身体在短时间内水平移动。这个动作要求速度和力量相统一，就像瞬间爆发的火药一样，通过不同肌肉间的**相互协调**，使得身体能够克服惯性和阻力做出最大距离的位移。这个用时最短的体育项目，看似简单，却是所有项目中最考验“综合实力”的一个。

日常锻炼时，多做一些单脚跳、双脚跳、蛙跳、跳台阶等动作，增强双腿的弹跳能力，以及锻炼腰腹部的大肌肉群，以便帮助完成跳远需要的抬腿和挺身动作。另外，多做各种“抓人”“捕猎”“打沙包”的游戏，飞快地跳跃、灵活地闪躲，也是锻炼身体协调性的最好方法。

◆ 练习时间：对抗地球引力

马途途站在沙坑尽头，用它的激光眼扫描着每个人的脚印，然后报出各自跳远的距离。

马途途很酷，可是大声报成绩这事儿很不酷。

多梅多嘟嘟哝哝地说：“能不能别大声报成绩啊！这不是大型社死现场吗？”

马达老师好像听见了，走过去调了马途途的一个按钮，小机器人顿时变得安静，除了摄像头时不时转动一下，大部分时间像个邮筒一样站在那里。

“大家如果需要了解自己的跳远成绩和小组的总成绩，可以课下到马途途或者我这里查。现在开始，马途途负责回放每一个同学刚才跳远的影像记录，你可以通过观察自己刚才的动作，为下一次练习改进做好准备。”

● 高大梁在马途途的屏幕上认真查看自己跳远的视频回放

多梅多坐在远离沙坑的硬地上，高大梁走过来也挨着他坐下来了。

“你跳了多远？”高大梁小声问。多梅多没有回答，生气地脱下右脚的球鞋，把沙子倒出来。

“马途途的录像是不是分辨率不够高啊，怎么我在镜头里显得那么沉甸甸的呢？像个大沙袋摔在沙坑里。”多梅多很不高兴地说。

“那倒不一定是分辨率的问题……”高大梁不知道怎么斟酌自己的词句。他看到自己轻飘飘地扑进沙坑的视频后，才知道虽然自己觉得很使劲儿了，但这两条腿原来这么不给力啊！

“你说，我的胳膊都抡圆了，到底怎么才能用自己的胳膊把身体向上提起来呢？”多梅多想不明白，突然感觉跳远这种运动像是在与地球对抗，“你说，如果没有外力，我们能抓着头发把自己拽起来吗，这不科学啊。”

“那说明力量还是要来自我们自己身体肌肉的收缩。我觉得，应该不是垂直向上提身体，主要还是同时向前和向上，大概45°角方向用下肢力量把身体弹射出去，毕竟是要看向前跳出的距离。胳膊不是最关键的，我觉得还是因为我的腿没有力气。”学习委员高大梁思考得很缜密。

“增加腿部爆发力，多做蛙跳和台阶跳练习。”马途途从一旁滑过，目视前方，不知道在对谁说话。

多梅多跟高大梁对视一眼，看见马途途径自回教学楼了。“这家伙不是在偷听吧？”多梅多嘀咕道。

高大梁看着马途途的背影感叹道：“这是触发了它的语音识别系统了吗？思考学习能力这么强大吗？”

“那明天早上晨跑后，咱俩一起练练蛙跳？一人10个，互相监督？”高大梁说。

“行，说话不算是小狗。再加个比赛吧，谁每多做5个蛙跳，谁就赢一块脆皮巧克力。”

“好！”两人悄悄地做了约定，不想被艾小豆听见，否则他又要迫不及待地加入比赛，巧克力就全是他的啦。

有个搭档，有巧克力，多梅多对明早的晨练很期待，可是转念一想：“不对呀，要是我俩做得不相上下，那岂不还是没有巧克力吃？比赛规则还要再改改……”

多梅多和高大梁一前一后在做蛙跳，马途途站在一旁计数

第19节　柔软的≠灵活的

“艾小豆，来给大家做个示范。”这节体育课的主题是身体灵活性，马达老师让艾小豆示范“坐位体前屈”这个动作。艾小豆伸直腿坐在垫子上，竟然毫不费力地把手“唰”地伸过了脚尖，够到了优秀线。“哎，艾小豆，你看着这么结实，腰还挺软的哈！”这可让一帮练过舞蹈的女生们刮目相看。

“呵呵，谁还不是个小仙女？”艾小豆马上来劲儿了，打算嘚瑟一下，看见马达老师不动声色地站在一边，没敢发挥，乖乖地归队了。

多梅多摸了摸自己的老腰说："小豆，你小时候也练过舞蹈吗？男生一般腰都很硬啊……"

马途途冷不丁开腔了："坐位体前屈，跟腰没关系。"

"啥？！"大伙儿扭头看着马途途，它竟然学会了插话！

坐位体前屈是检测我们身体柔韧性的一个项目。柔韧性并非指身体"柔软"，而是指关节的灵活程度和肌肉韧带的拉伸弹性程度。因此，一个"柔软"的胖子，并不一定是一个"灵活"的胖子；一个"柔弱"的女生，未必会比一个强壮的男生柔韧性好。

柔韧性取决于我们的神经对骨骼肌的调节能力，特别是对抗肌的放松和收缩的协调能力。坐位体前屈这个项目，主要考验的是骨盆和髋关节的灵活性，以及背部肌肉和腿部后侧的腘绳肌和韧带的拉伸能力。

由于骨骼肌是成对工作的，背部和腿部后侧肌肉的拉伸也会受腹肌和腿前侧肌肉的收缩能力的影响，因此这个项目对身体前侧和后侧的肌肉的拉伸和收缩性能都是考验。同时骨盆和髋关节的灵活性也受髂腰肌和臀肌的控制，髂腰肌和臀肌的收缩和伸展影响着骨盆的方向和髋关节的转动。这个项目将我们身体上的大型肌肉群和关节都进行了检测，是国际上常用的检测身体柔韧性的传统方法。

进行坐位体前屈的动作时，不要拱背弯腰，前屈的动作要靠骨盆和髋关节的转动来实现。以坐骨为支点，腿部伸直，上半身前屈，使得腹部尽量紧贴大腿，双臂向前尽量延展，指尖触及的最远距离就是坐位体前屈的成绩结果。髋关节和骨盆如果不会转动，而身体只会一味弯腰拱背，会让动作的效果大打折扣。

“骨盆还会转动？”多梅多一时没听明白。骨盆不就是用来托住肚子和内脏的吗？压根没有想过它还会转动。

“怎么不会转动？”艾小豆给大家示范说，“你看，大腿骨跟骨盆的连接处是髋关节。直立抬腿时，大腿转动，骨盆不动；坐下时大腿平放，身体向前趴或者向后仰，就是大腿不动、骨盆在转动。”

多梅多一边跟着做，一边感觉髋关节这个部位。“真的是可以动啊，我一直以为上半身向前是靠弯腰，原来是靠‘折叠屁股’！”多梅多惊讶地感叹。

“折叠屁股！”女生们简直要笑喷了。

“果然折叠屁股更有效果啊！”何一鸣站着向下

伸手够脚尖，以前只会向下弯腰，这次找到更明确的“折叠”位置了。

“原来上下半身是从大腿根开始分界的啊，我还以为是从肚脐眼开始分界的呢。如果身体从髋关节这里折叠合拢，自然手指离脚尖更近啦。”

“对啊，髋关节的骨盆转动时，屁股向后推，腰向前伸平放松，这样是不是感觉更轻松些？”肖思思练过瑜伽，也在一旁指导多梅多动作要点。

“噢噢，这下明白了！我可能还需要压腿，让大腿后侧拉伸一下，再做这个动作肯定进步很多。”

● 多梅多向肖思思学习，双臂向前，伸直腰背去做坐位体前屈

多梅多解决了骨盆的转动问题，茅塞顿开；现在新的感觉是腿的后侧绷得太紧，没有弹性，影响了身体前伸。看来马途途说得对，“坐位体前屈，跟腰没关系”。

“髋关节是身体的主要关节之一，它的稳定性和灵活性是身体运动能力的体现。其他主要关节，如肩关节、膝关节、脊柱等，都会在不断的运动锻炼中增加关节活动的范围，肌肉和韧带得到拉伸，让身体更有弹性。”马途途又开始不停地输出信息。

“马途途，我看你做不了体前屈，估计你的灵活性很差。”艾小豆一脸坏笑地打断它。

机器人沉默了两秒钟，头上的指示灯闪了两下，然后迅速做了一个360°的转头动作。“我的主要关节是颈椎，目前转动正常，灵活性很好。”

大伙儿全都愣住了，然后爆发出一阵大笑。

马途途的头又迅速反向转了一圈，似乎为了证明“颈椎”和“下肢”的关节都很灵活，机器人开始一边走动一边360°转头。正转、反转、前进、后退，不愿停下。

大伙儿笑坏了，马途途的胜负欲竟然也这么强。这样不停转下去，机器人不会没电吧。

马达老师也忍不住笑了，只好大声说：“马途途，关节运转正常，停止自检。”小机器人收到指令，停止了转头和跑动，指示灯闪了三下，似乎还有些不甘心。

大家伙儿捂住嘴，不敢笑出声，生怕又触到马途途的哪条神经。

第20节 核心力量=稳定性

“论肚子在运动中的重要性，”马达老师说，“这是我们这节体育课要探索的重要内容。”

多梅多觉得很好笑，心里想：“马达老师又开始故弄玄虚啦。”

“谁来说说，肚子在运动中能起什么作用。”马达老师提问。“肚子可以使劲儿！”大家开始七嘴八舌地议论起来。

“肚子可以憋住气！”

“肚子可以帮助呼吸！”

“肚子可以托住内脏！”

“肚子可以帮助身体转动！”

“肚子可以压秤……”多梅多小声嘀咕着。

“对，大家说得都很对。”马达老师回应道。多梅多睁大眼睛，这些和运动能有什么关系？

“我们所说的肚子，其实就是指腹腔的这个空间，它的周围有很多身体的大肌肉群，来共同包围这个重要的区域。还记得我们以前讨论过的‘腹直肌’吗，除此之外，腹腔周围还上有膈肌，后有竖脊肌、腰大肌，前有腹横肌、腹斜肌等非常多的大肌肉群。可见这个区域多么重要。”大家跟着老师的演示也不由自主地用手去寻找肚子周围的肌肉位置。

“这个区域的肌肉群，日常的主要作用就是保护内脏，帮助呼吸，支持脊柱。在运动时保持身体的运动姿势，并进行发力和传递力量，同时保持身体和脊柱的稳定性。因为这是身体力量和稳定性起决定作用的区域，通常这里的肌肉群也被叫作核心肌肉群，它们的肌肉力量被叫作核心力量。”马达老师解释道，“因此，肚子是我们运动时的发动机和稳定器。”

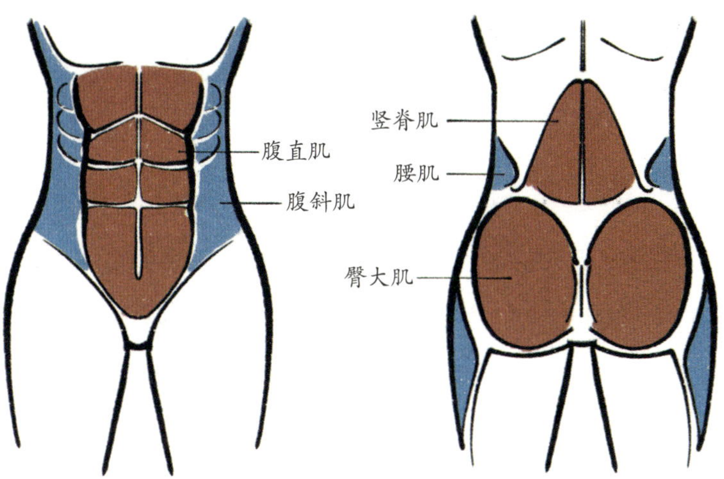

腹部肌肉群和腰臀肌肉群的示意图

核心力量是身体稳定性的来源，是所有力量的基础，也是身体力量的最主要评价参考。力量素质是决定身体强健程度的重要指标，同时科学研究还表明身体力量的提高也会与个人自尊和自信直接相关。在我们发育时期进行适当的力量素质的练习十分必要，不仅有利于对关节的保护和骨骼的生长，对改善身体成分、减少高血压风险、提高胰岛素敏感度和增强个人自信心都有很大帮助。

评估青少年核心力量的项目是**仰卧起坐**，用来监测腹部肌肉的力量和耐力。在小学时期仰卧起坐是每个孩子都需要进行监测的项目，进入初中后由于男女生身体发育特点不同，仰卧起坐仅对女生进行监测，男生的肌肉力量和耐力监测项目改为引体向上。

在世界各国的青少年肌肉力量和耐力监测项目中，仰卧起坐是常见的测试腹肌力量及耐力的方法，有直腿、屈腿等不同形式。在一些国家，也会用到卷腹（curl-up）来代替仰卧起坐(sit-up)。

卷腹主要是上腹部肌肉的不断收缩，是脊柱屈肌群的锻炼；而仰卧起坐的动作则包括了卷腹的过程，并在上半身抬起后肘部向膝盖靠近时，除腹部肌群保持收缩外，还要启动屈髋肌群的收缩和拉伸，包括髂肌、腰大肌（简称髂腰肌）和股直肌等肌肉的收缩和拉伸。

仰卧起坐对腹肌和髂腰肌的锻炼，有助于**固定端正骨盆位置**，这对于青春期女生的成长发育也十分重要。如果腹肌较弱，骨盆容易前倾，并给腰椎带来负荷，有时会引发下背部的疼痛。

“好像仰卧起坐还需要依靠胳膊的发力吧？”多梅多举手问马达老师。

“非常好的问题。仰卧起坐是否包括上臂的发力呢？”马达老师回答说，“以往很多同学在做仰卧起坐时，依靠双手手指交叉紧抱头部或颈部，在收腹的同时双臂也用力抬起头颈部。这种发力是有害的，会给颈椎带来太大的压迫，严重时还会造成颈椎错位和脊髓神经损伤。”

“正确的做法是将双手虚放在耳后的位置，不施加压力，每次上半身坐起时以肘关节触碰到膝关节为动作完成的标准。”马达老师给大家示范着动作，“这样就是完全依靠核心肌肉群来完成仰卧起坐的动作。”

多梅多有点受挫，原来还指望能借胳膊的力气来抬抬肚子，现在这条路也被堵死了。

“练习核心肌肉群，平常还可以用平板支撑、俯卧撑等动作。”马途途胸前的屏幕配合着讲解，展示了平板支撑和俯卧撑的动作要点。

“这平板支撑看着比一分钟仰卧起坐简单多了。”多梅多跟着马途途的演示开始练习，没想到刚坚持了二十几秒，肚子的肌肉就开始颤抖，肚皮逐渐向地板靠拢。“哎呀，这个平板支撑要做标准的话感觉比仰卧起坐还累啊。”

“看来以后每天早上的晨练，需要再加点核心力量的练习。”高大梁竟然开始主动计划加码练习了。

多梅多有些意外，但也不甘示弱。“练就练，明天开始。”

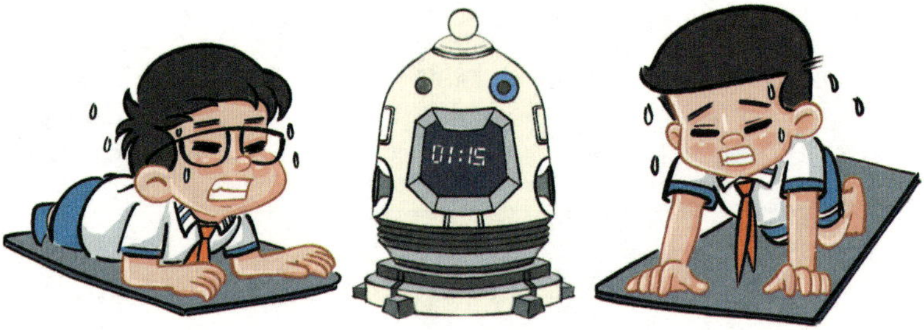

多梅多和高大梁脸对着脸做平板支撑比赛

引体向上是一种测试手臂和核心肌肉力量的运动项目，这个项目用自身的体重作为砝码，显示上半身肌肉力量的整体水平。

提醒大家注意一个常见的认识误区：引体向上并不是只靠“胳膊发力”来完成的。那么，从伸直双臂，正手悬挂在单杠上开始，伴随着身体向上移动，身体的哪些肌肉群在为拉动我们的体重而贡献力量呢？

首先，我们需要收紧腰腹部的**核心肌肉群**，然后背部肌肉收缩开始发力，力量通过肩关节和肘关节传导到手臂，再由手臂肌肉收缩的抓握和提拉动作，带动身体向上移动。

一个引体向上的动作，至少需要腰腹部肌肉（如腹肌、竖脊肌）、背部肌肉（如背阔肌、斜方肌）、肩袖肌肉群、上肢肌肉（如肱二头肌、各种屈肌）等联动发力，因此引体向上才被认为是监测上半身肌肉力量素质的典型项目。

其次，自身体重也要控制在合适范围，否则就是给自己加大挑战难度。如果一个体重超重的男生，平日长期久坐，对上半身的大肌肉群没有任何练习，要想仅凭自己的两条手臂对抗地球对他超重身体的吸引力，简直就如同“螳臂当车”一样不可能。

我们的国家标准从初中开始对男生进行这个项目的监测，计算引体向上的次数。虽然这是国际上常用的传统测量肌肉力量的方法，但这些年来对我国中学男生的监测结果却有些让人“大跌眼镜”——即将升入初中的男同学们，**要加油啦**！（参考数据：以 13 岁男生的监测结果为例，2000 年全国抽测调查结果是每人平均能做 2.9 次引体向上；到了2014年，调查结果已经下降到人均1.9次。）

艾小豆悄悄地问多梅多和其他组员：“你们一分钟仰卧起坐能做多少个？”

“31个。”多梅多不好意思地说。

“我27个。”高大梁声音更低。

“我43个。”“我35个。”“29个。”……

艾小豆眉头紧皱：“糟糕，六年级男生仰卧起坐的满分要求是1分钟51个。我使使劲儿能做到45个，才90分。你们五个只有何一鸣是85分，估计其他人都是60分、70分的刚及格成绩，这个项目咱们组的总分要完蛋。”

“按照每个人现在的水平，你们组仰卧起坐的总分是451分。”马途途这个大喇叭声如洪钟地播报。

“小点声、小点声啊！”艾小豆恨不得要捂住马途途的“嘴”，他可不想被肖思思听到，这周的周冠军看来要没戏了。

“我俩已经打算从明天早上开始加练平板支撑了……”高大梁赶紧跟艾组长汇报，期望能不被组长批评。

“嗯嗯，很好！别等明天早上了，今晚就开始练。回家练1分钟仰卧起坐，明早再一起到操场上练平板支撑。”艾组长是个行动派，“注意：一次做2～3组就行，别练得太猛，坚持最重要。即使这周单项赢不了，后面还有机会呢。”

“收到！”全组人低声应答道，悄悄领了任务。

明早操场见！

艾小豆带头，都在满头大汗地做平板支撑练习

第21节　夺冠行动

“我觉得，我们应该开个会。”艾小豆严肃地说。

“我同意，我们必须订个计划……”高大梁附和道。

“我觉得，我们可以定个更高的目标……”多梅多提建议道。

“我啥也不明白，你们几个有话直说嘛！”何一鸣没跟上大家的节奏。

艾小豆组长从来没有像现在这么费脑筋过，本来就是个体育活动小组，高矮胖瘦的同学纷纷来他这个组，不过是想借他拉拉平均分，别显得个人成绩太差。

但自从看到几个组员开始主动参加晨练项目，艾组长突然觉得有了责任和压力。这件事还是需要严肃对待的，不能让大家白练。他决定拿出球队的办法来，先开会统一思想和布置战术。

“我先说！”多梅多抢到第一个发言，“我一开始就是想跟着小豆一组，帮我提提分，这样小组总分也不至于垫底。后来这几个星期跑着跑着，我觉得我们也不比别人差太多，600 米我已经可以跑进 5 分钟以内了。我想……我们可以冲一个更好的名次！”

“我和多梅多原先想的一样，就是想让小豆带一带。”高大梁也跟着说，“这几个星期我一直在马途途那里查各组的成绩记录，我发现我们组的总分已经从第一周的第五名挤进了这一周的第三名，而且离前两名的分数差距每周都在逐渐缩小。我觉得只要坚持锻炼，保持上升势头，我们追上第一名肖思思她们组的可能性就很大！”

“这么厉害？”何一鸣很惊讶，“不愧是学习委员，还知道去跟踪分析成绩。”

“马途途帮我分析的，我只是提出需求。”高大梁很诚实，“根据马途途的数据，我们组这几周的进步最大，说明我们的潜力最大啊！”

多梅多想起多爸看球时给他讲解的：“联赛排名落后，说明上升空间大啊，这才是坚持参赛的意义嘛！”多梅多更有了底气，“对，不管最终能不能冲到第一，至少我们也可以争取最大进步奖！今年我要把 600 米跑冲进 3 分钟定为我的目标！”

艾小豆高兴地跳起来：“太棒了，那下学期你的 50 米 ×8 的折返跑就可以冲优秀啦！”

高大梁也很激动：“我从来没有想过体育课也会成为我喜欢的课，这个学期开始真是觉得挺有意思的。跟着多梅多一起锻炼，我也有信心冲一下。我去找马途途分析分析，咱们组要认真制订一个更有针对性的锻炼计划。”

“太棒了！”艾小豆组长喜形于色，“我本来开这个会，就是想跟大家说，不用依靠我，你们每个人都可以成为运动员，咱们一起去拿年度总冠军！从今往后，每天早上我可以带着大家一起锻炼，当你们每个人的陪练。”

“哎，教练有了，计划有了，咱们可以行动啦！”何一鸣听明白了。

“记得还要通知马途途，让它每天再提早一点儿到操场，好给我们做记录！”多梅多决定向高大梁学习，用好这个小机器人助教。

“好，那我们的这个计划就叫作‘夺冠行动’，我们要像一支球队那样认真备战。”艾小豆马上布置任务，“从明天开始，我们早上早到半小时，先一起跑600米，碰上下雨天，就在长廊里练5分钟双脚跳绳，再做蛙跳和平板支撑，练下肢和核心力量。等高大梁和马途途把每个人的锻炼计划拿出来，我们再分头按照计划练习自己的弱项。”

“收到！”全体组员齐声回答。

小伙伴们一起行动太有意思啦，多梅多迫不及待地盼望着明天早上赶快到来。

● 艾小豆带队，全组六个人排成一队在认真跑步，马达老师笑眯眯地带着马途途在一旁观看

◆ 马途途小词典：跳绳

跳绳是小学阶段一个重要的体质提升项目，也是可以坚持一生的运动锻炼方式，有很多省市还把一分钟跳绳列入体育中考项目中。因为这个项目简单有趣，又可以锻炼我们身上许多的系统和肌肉，所以小学一年级学生入学后，仅有的三项身体素质监测项目就包括跳绳。

第一，跳绳是一项很容易操作的有氧运动，不需要大型的场地和设备，原地起跳就可以**燃烧热量**，10 分钟的跳绳消耗的热量与 30 分钟的慢跑差不多，对我们的呼吸系统和循环系统都有很好的锻炼作用，可以有效提高心肺功能。

第二，这个项目考验的是最基础的身体协调性，手眼脚进行配合的协调程度，以及肢体的灵敏度；短时间的快速跳绳也是对爆发力的锻炼和测试。

第三，跳绳时需要启动四肢肌肉，以保持稳定的摇绳和跳动节奏；原地弹跳需要启动上半身和腰腹部的核心肌肉群，以保持躯干在跳动中的稳定性；小腿肌肉、踝关节和脚掌也在运动中得到强化锻炼。这样全身的大肌肉群都会参与进来。

最重要的一点，对于快速成长的中小学生来说，跳绳项目要求的双脚起跳不仅可以保护**膝盖和踝关节**，自身体重给骨骼持续带来的压力可以有效地促进骨细胞的不断生长，对强壮骨骼和提高身高有很大帮助。

这样一项有益的全身运动，适用于青少年和成年人，全家可以一起练习，职业运动员还会把它作为日常训练必备内容。建议大家进入中学后，可以在业余时间坚持跳绳锻炼，省时省地还能长个子。跳绳堪称最简单易行、效果显著的体育锻炼方法。

第6章

爹爸的周末补习课

星期天的下午，刚刚睡完午觉，多爸又抢先占据了沙发，准备美滋滋地开始啤酒加足球的电视时光。

“爸！”多梅多从房间里探出头来，“别看电视了，咱们一起去楼下练练球吧。”

“啊？！练啥球？”多爸拿着遥控器愣住了，看见儿子从房间里走出来，抱着一个足球。这小家伙什么时候开始踢球了？

“儿子，爸爸肺不好，一跑步就喘不过气来……”

“爸，你是不是太久没有运动了，心肺功能变弱了，更需要赶快锻炼啊。”

“呃，儿子，我体重太大，一锻炼就膝盖疼……”

多梅多听后笑了起来，原来老爸的台词跟两个月以前自己说的都差不多。

“老爸，看来你需要上上体育课了。我们班主任说了，让我们回家经常进行‘体育扫盲’。算了，要不咱们不踢球了，先从慢跑开始吧，我带你评估一下你的身体状况。”

多梅多一脸坏笑，终于轮到小多来给老多上课了。“放心吧，体质越差，说明你的进步空间越大！”

多爸简直难以相信自己的耳朵和眼睛，这个多梅多，换上运动服看起来真的是不一样了，收起小肚腩的样子，好像还挺有范儿的呢！

穿着运动服的多梅多举着足球走在前面，
多爸挺着肚子很不情愿地跟在后面

第22节　写给家长的一封信

尊敬的六年级二班家长：

您好！

从这个学期初开始，我们全班同学在过去的两个月里，身体状况和精神面貌有了很大的提升和改变。随信附上您的孩子这两个月的体质健康报告，其中每周的体质评测数据记录可以帮助您看到孩子的进步。通过两个月来课上课下坚持不懈的锻炼，全班同学的身体素质各项指标都在大幅提升，学习状态也越来越好，同学之间的沟通交流也越来越充分融洽。

感谢家长们对老师和学校的支持和信任，希望通过孩子身体素质的变化，能够提醒家长们和我们一起，共同关注和重视体质健康教育这个重要的课题，为孩子们顺利步入青春期打下良好的基础，使他们能够充满信心地面对未来的学业挑战和身心发展。

在我们国家，由于过去几十年体质健康教育的缺乏，目前在长期锻炼的人群中能具备健康和运动知识，并能科学有效地进行锻炼的人只占了很小的比例。再加上全国60%以上不经常参加体育锻炼的人口，都是处在“缺乏运动健康知识、对体质健康没有科学有效的认知和行为指导”的状态，这也是一种“体育文盲”。

很多成年人其实也不太了解体育健康知识，不会理性科学地锻炼身体，甚至很多爸爸妈妈自己也并没有建立日常体育运动的习惯，就更谈不上给孩子们进行讲解和引导，以及为孩子们提供足够的体育支持。

为了下一代的体质健康，爸爸妈妈们当前重要的任务就是进行体育扫盲，多学习了解体质健康知识、身体力行带动和指导孩子进行体育锻炼，为孩子运动锻炼提供良好的家庭体育锻炼环境。

家长是孩子人生中最重要的影响者和引导者，家庭环境对儿童青少年体育锻炼的引导和对建立孩子一生的运动习惯至关重要。真正让孩子树立起健康意识，积极参与体育运动，养成锻炼习惯，需要爸爸妈妈们和孩子的共同努力。

运动锻炼，并不只是为了让孩子们应对当下的体育考试。孩子未来的生活父母无法预知和代替，只有帮助他们在青少年时期建设一个强壮的身体和意志，让健康的体质陪着他们面对未来，才是父母送给孩子们最好的礼物，让他们能够受益终生。

期待您的进一步关注和反馈，也期待着在本学期末的家庭运动会上，能够看到您全家的身影。让我们与孩子携手并肩，一起健康向未来！

六年级二班班主任：马达

多爸和多妈坐在沙发上认真地看着家长信，多梅多在一边练着仰卧起坐

◆ 马途途的小词典：体育人口

谁能被称作“体育人”呢？体育人并不只是那些在专业从事体育运动的人。根据国家体育总局的定义，每周1~3次进行中等强度的锻炼，如跑步、打球、跳广场舞等体育活动的人，都是“体育人”，这些人的总数就是**“体育人口”**。世界各国往往会用“体育人口”数量和比

例来判断一个民族的总体生命力和强健程度，这对国家的经济生产、医疗成本和生活水平都是重要的**参考评判指标**。

2015 年我们国家的体育总人口数超过了 4 亿人，预测到 2025 年，体育人口总数有望达到 5 亿人。但是，从人口总数占比来看，我们国家体育人口的占比在 2020 年仅为 37.2%，计划在 2025 年达到 38.5%[1]。而在 2016 年仅有 3.23 亿人口的美国，其体育人口占比达到了 70%，我国体育人口比例仅为美国的一半。而且，美国的体育人口的判定标准比我国的要严格，每周至少要参加 3～5 次中等强度以上的**体育锻炼**。

多梅多和妈妈在练跳绳，多爸端着水杯和毛巾在一旁服务

1《全民健身计划（2021—2025 年）》国发〔2021〕11 号。

中小学生如果每周都坚持上体育课，自然属于“体育人口”的统计范围；那么观察一下我们的爸爸妈妈，他们是否属于国家的“体育人口”中的一员呢？

◆ 马途途的小词典：活力家庭

一个家庭在身体、思想、行为和感情方面充满活力，才能让每个家庭成员有各自向上成长的动力和基础，才是幸福和可以持续发展的家庭。

活力家庭需要两个前提条件：**家庭关系融洽、父母做好榜样**。体育活动是促进家庭成员建立融洽关系，进行顺畅沟通的最有效的方式之一。在共同进行体育活动的时候，我们身处同一个场地，遵守同一项规则，共同感受成功和失败的情绪，通过身体接触和肢体语言进行沟通和反馈，甚至可以避免日常口头沟通产生的误解和冲突。一次全家户外远足或者一次家庭乒乓球赛，都能更好地让一家人找到彼此需要的感觉。

同时，父母通过遵守规则、身体力行地参与运动，为孩子做出不怕失败和积极尝试的**示范和榜样**。家长亲身参与体育运动，比关心鼓励孩子去参加体育活动更重要。身教胜于言传，父母做好榜样，营造良好的体育家庭氛围和环境，对促进家庭关系、提升家庭活力起到非常明显的积极作用。

一个家庭的体育环境，包括家长为孩子创造参加体育活动的机会、家长日常体育参与程度、家长同孩子一起参加体育活动以及兄弟姐妹同龄人之间相互鼓励支持参加体育活动等内容。但是国际活力健康儿童组织（Active Healthy Kids Global Alliance，AHKGA）针对我国家庭的调查结果显示，目前我国家长在青少年日常体育活动方面主要是口头支持和鼓励较多，身体力行却相对不足：能够关心和认识到**参与体育**的重要性，但能够前往孩子体育比赛现场观看支持的还很少；能够提供经费支持孩子参与体育运动，但与孩子共同运动或陪伴孩子参与比赛及组织家庭成员一起参加活动的很少。

多梅多一家人在户外爬山旅行

爸爸妈妈是活力家庭的主力军，一起做一下家庭活力测评吧。

◆ 家庭体育活力测评

下面这 20 道自测题，我们可以带着爸爸妈妈做一下，看看最后得分是多少。

（是 =1 分；否 =0 分）

（1）你是否知道自己和孩子的 BMI 值是多少？

（2）你是否了解孩子这个年龄段对应的体质健康测评项目和他 / 她的各项测评成绩？

（3）你是否知道核心肌肉群的位置？

（4）你是否知道立定跳远是无氧运动还是有氧运动？

（5）你是否会在购买食物时看营养成分表？

（6）你是否每周会有两次或更多的体育运动？

（7）你是否会经常在媒体上或现场观看体育比赛并给孩子进行讲解？

（8）你是否家里备有至少一种自用的体育用具 / 用品？

（9）你是否会查阅运动健康类知识或信息并用于日常生活？

（10）你是否经常接触、交往参加体育运动的亲戚朋友？

（11）你的父母是否参加任何形式的老年人体育运动？

（12）你是否认为体育运动对孩子的学习有促进作用？

（13）你是否会鼓励孩子每周参加体育运动？

（14）你是否能够给孩子讲解他/她参加的运动项目对他/她健康的益处？

（15）你是否会观看孩子参与体育活动的过程？

（16）你是否会花钱支持孩子参加体育运动？

（17）你是否会经常组织家庭成员一起参加体育娱乐活动？

（18）你是否与孩子的体育老师或班主任交流过孩子在学校的体育学习情况？

（19）你的家庭成员是否每个人会至少一项体育运动技能？

（20）你是否认真阅读了这本小书至少一遍以上？

如果得分高于15分，那么爸爸妈妈已经具备了对体育活动的认知和支持，你们的家庭体育活力足以带动每个成员健康发展。请爸爸妈妈继续以身作则，积极带领孩子一起参与体育运动，一起尝试学习新的体育技能。

如果得分在6~15分，那么你们的家庭体育活力还不够，爸爸妈妈们需要继续加油，带头学习体质健康知识，并身体力行参加和支持体育运动，勇于改变自己的生活习惯，为孩子的体质健康和体育锻炼创造条件。

如果得分是 5 分及以下，那么请爸爸妈妈们赶快向你的孩子请教和学习，提升自己在体质健康方面的知识储备和实践练习，并积极改进生活方式和习惯，在你们的家庭生活中多增加体育锻炼的内容，以防自己和家人的健康状况出现问题。如果有条件就可以寻找专业帮助，带动全家人一起提升全家活力。

多梅多带着爸爸妈妈一起做热身运动

不是尾声的尾声

“爸，你知道血液从心脏流到全身，需要多长时间吗？”

“妈，你知道怎么计算你的运动心率吗？”

“爸，你知道什么是有氧运动，什么是无氧运动吗？”

“妈，你知道身体的电解质紊乱是由什么引起的吗？”

“爸、妈……”

“哎、哎，多梅多，我、我……你先让我们跑完再答题好吗？”多爸和多妈呼哧呼哧地喘着粗气，跟着多梅多在小区里跑步，这时哪里还顾得上思考和答题。

哈哈，多梅多发现过去两个多月的锻炼，已经让他轻而易举地跑在了爸妈前面，他不禁为自己的进步感到骄傲，脚步变得更加轻快。

深秋傍晚的天空，晚霞浮现，看起来格外美丽。

“你可以的，多梅多，加油！”

多梅多迎着落日晚霞，精神抖擞地带着爸爸妈妈一起跑步

参考文献

Kathleen M. Haywood, Life Span Motor Development [M], Human Kinetics Publishers, Inc.

Sharon A. Plowman, Marilu D. Meredith, FitnessGram/ActivityGram Reference Guide (4th Edition) [M], The Cooper Institute.

Avery D. Faigenbaum, Rhodri S. Lloyd, Jon L. Olivier, ACSM Essentials of Youth Fitness, Human Kinetics.

Ida P. Rolf, Rolfing Reestablishing the Natural Alignment and Structural Integration of the Human Body for Vitality and Well-being, Healing Arts Press Edition 1989.

Daniel E. Lieberman, Dennis M. Bramble, David A. Raichlen and John J. Shea, Brains, Brawn, and the Evolution of Human Endurance Running Capabilities. In: F.E. Grine et al. (eds.), The First Humans-Origin and Early Evolution of the Genus Homo, Vertebrate Paleobiology and Paleoanthropology, Springer Science + Business Media B.V. 2009.

汤姆·欧德菲尔德，马特·欧德菲尔德．我是梅西：当世传奇［M］．张耀林，译．桂林：广西师范大学出版社，2020.

长谷川英祐．有趣得让人睡不着的生物［M］．侯月，译．北京：北京时代华文书局，2019.

摩谢·费登奎斯．动中觉察［M］．林若宇，等译．北京：北京科学技术出版社，2019.

约翰·瑞迪，埃里克·哈格曼．运动改造大脑［M］．浦溶，译．杭州：浙江人民出版社，2013.

米凯拉·格洛克勒，沃尔夫冈·戈贝尔．儿童健康指南：零至十八岁的身心灵发展［M］．林玉珠，等译．石家庄：河北教育出版社，2012.

刘扶民，杨桦．中国青少年体育发展报告（2016）［M］．北京：社会科学文献出版社，2017.

克莱尔·戴尔，帕特丽夏·佩顿．身体智商：拥有健康身体，获得活力人生［M］．卫东亮，译．北京：中信出版集团，2020.

盖伊·克莱斯顿．具身认知：身体如何影响心智［M］．孟彦莉，刘淑华，译．北京：中信出版集团，2022.

Steve Parker. 人体：人体结构、功能与疾病图解［M］. 左焕琛，译 . 上海：上海科学技术出版社，2014.

帕迪利亚 . 科学探索者：人体生理卫生［M］.3 版 . 万学，等译 . 杭州：浙江教育出版社，2019.

尼克 · 阿诺德 . 身体使用手册［M］. 韩庆九，译 . 北京：北京出版集团公司，北京少年儿童出版社，2010.

西恩 · 贝洛克 . 具身认知：身体如何影响思维和行为［M］. 李盼，译 . 北京：机械工业出版社，2020.

赫尔伯特 · 史迪凡尼 . 跑步圣经：全面的跑步训练计划［M］. 毛方英，译 . 北京：北京科学技术出版社，2015.

美国运动医学学会 .ACSM 运动测试与运动处方指南［M］.10 版 . 王丕诊，译 . 北京：北京体育大学出版社，2019.

肖恩 · 勒维尔 . 乐跑宝典：跑步完全手册［M］. 王晓刚，译 . 北京：人民邮电出版社，2014.

斯蒂文 · 谢尔夫，罗伯特 · 汉纳门 . 美国儿科学会育儿百科：0-5 岁［M］.3 版 . 满国彤，译 . 北京：中国劳动社会保障出版社，2004.

威廉 · 西尔斯，玛莎 · 西尔斯 . 西尔斯育儿经［M］. 蔡俊，译 . 汕头：汕头大学出版社，2008.

陈佩杰 . 中国儿童青少年体育健身发展报告（2016）［M］. 北京：科学出版社，2018.

张维扬．情绪，请开门［M］．北京：人民邮电出版社，2021.

李辛．儿童健康讲记：一个中医眼中的儿童健康、心理与教育［M］．成都：四川科学技术出版社，2015.

陈守良，贺慕严，吴鹤龄，等．人类生物学［M］．北京：北京大学出版社，2001.

陈明达，于道中，等．实用体质学［M］．北京：北京医科大学、中国协和医科大学联合出版社，1993.

张云婷，马生霞，陈畅，等．中国儿童青少年身体活动指南［J］．中国循证儿科杂志，2017，12（6）：401-409.

中华人民共和国教育部．义务教育体育与健康课程标准［M］．北京：北京师范大学出版社，2012.

卫生部疾病预防控制局，国家心血管中心，高血压联盟（中国）．中国高血压防治指南［M］．北京：人民卫生出版社，2010.

中国营养协会．中国居民膳食指南（2016）.